ココロノトモ

Rolling Ball, Rolling Life

小松悟
Komatsu Satoru

ころから

序章

転がるボール、転がる人生

マランの街中から、20分ほど走ったであろうか。

インドネシアの田園風景が広がる細く長い一本道に差し掛かった時である。


僕たち一団を先導するパトカーが、荒々しくクラクションを鳴らすと、車道を埋めつくした幾千もの青い群れが、モーゼの十戒の如く、きれいに開いていくのだった。

直後、歩道側に寄った彼ら彼女らは、「今日は頼んだぜ!」とばかりに、クラクションを、ガンガンに鳴らし返すのだ。


スタジアムへ向かう道中での、チームとサポーターの、クラクションによるコール&レスポンス…。

僕は、そんな光景に、胸を打たれてしまった。

そして、改めて強烈に思い知らされたのだった。

〝選手は、チームは、誰のために、何のために戦わなければならないか?〟ということを。


さぁ、今日は大一番だ!

みんなで一丸となって、勝利を掴みとろうぜ!

山梨からやって来たこの僕も、インドネシアのマランという街で、戦闘モードに入るのだった……。

遡ること、2002年日韓ワールドカップ（W杯）。

CM《コマーシャル》制作会社に勤務していた僕は、親友でミュージシャンの**美勇士**《みゆうじ》[a]と、六本木のスポーツバーで準々決勝、韓国vsスペインを観戦していた。

PK戦にもつれ込んだ〝疑惑〟の試合で、スペインのキッカーが4人目のホアキン・サンチェスの番になった時、僕は、ふと呟いた。

「ホアキンは、ダメかもなぁ」と。

不思議そうな顔で理由を聞いてきた美勇士に、感じたままを伝えた。

「彼は陽気なアンダルシア地方出身で、8人兄弟の大家族で育った心優しい男らしいよ。この場面では、プレッシャーに押し負けちゃう可能性は、かなり高いかもね」

美勇士は、「バカじゃないの？」と、笑いながら、僕のヨミを一蹴した。

しかし、ホアキンが右に蹴った緩めのボールは、コースも甘く、キーパーにものの見事に弾かれてしまう……。

その一件以降、サッカー観戦に関して、僕は、美勇士に一目置かれるようになったのだった。


それから4年後。

美勇士から、連絡がやって来る。

a **美勇士**●関西の伝説的なロックミュージシャン桑名正博と、〝六本木の女王〟アン・ルイスの長男。本人も両親譲りの甘くかつパワフルな歌唱力で、玉置浩二のバックボーカル等を務めた。現在、東京ヴェルディのサポーターソングを歌っている。

「一緒にドイツワールドカップに行かないか？　ドイツでネタを探したい。小松となら、面白いモノが見つかりそうだ」

　ことの発端は、スカパー！が中継するW杯ドイツ大会のテーマソングを美勇士が歌うことになり、決勝前日に生放映される〝決勝直前特番〟にキャスティングされたことだった。

　錚々たるサッカー好きな著名人が出演する2時間放送の生番組において、確かな爪痕を残したいと考えた美勇士は、決勝前に自費でドイツW杯を取材しようと企てた。

　そこで、取材同行者として白羽の矢が立ったようである。

　当時、フリーでCMやMV《ミュージック・ビデオ》の制作をしていた僕は、W杯期間中は、夜な夜なスポーツバーで飲んだくれながら観戦しようと考え、仕事をセーブしスケジュールを空けていた。

　まさに、そんなタイミングでの、渡りに船なお誘いだったのだ。

　僕が快諾すると、美勇士のバンドメンバーでフットサル仲間でもあるギタリストの山ちゃんも参加が決定し、僕たちは、いざドイツへと旅立つこととなった。

　旅のテーマは、〝ノーマネー＆ノープラン〟。カネは無くとも、風にまかせて最高の旅をしようぜ！という、ロックな想いが込められていた。

　決まっているのは、1枚4万円で購入した一次リーグのフランスvsトーゴの試合観戦。それ以外は、その場その場の出たとこ勝負。

まずは、成田から北京入りして一泊。翌日夕方の便でフランクフルトへ、そこから陸路で試合会場のケルンへという行程であった。

しかし、いきなり、ロックが裏目に出てしまった。

午後9時、ネオン燦めく北京の繁華街。屋台で買った韮たっぷりなアツアツ肉まんを頬張りながら歩いていると、**欧陽菲菲**《オーヤンフィーフィー》[a]レベルの辿々しい日本語を話す**山村紅葉**《やまむらもみじ》[b]似のおネエさんに声を掛けられた。

「オニイサン、カワイイコイルヨ。ロクジュプン、サンゼンエンダヨ」

カラオケとキャバクラが一緒くたになった、〝中国お馴染みな夜の遊び〟**KTV**[c]の客引きだ。普段なら、そんな香水と事件の匂いがプンプンと漂ったお誘いには、即お断りなのだが……。せっかく北京に来たんだからという気持ちと、旅特有の浮かれポンチな気分とが相まって、3人ともまんざらではない雰囲気であった。

そして、僕たちは協議した。GOかNOか、どっちがロックな決断なのか。

すると、山ちゃんが、叫んだ。「ここまできたら、行こうぜベイベー」。その結果、GOを選択したのだった。

a **欧陽菲菲**●辿々しい日本語と陽気なキャラクターで人気を博した台湾出身のパワフルな女性シンガー。第23回紅白歌合戦では外国人として初の出場を果たす。代表曲は、『雨の御堂筋』『ラブ・イズ・オーヴァー』等、多数。また姪っ子の長女・欧陽妮妮《オーヤンニーニー》（女優）、次女・欧陽娜娜《オーヤンナーナー》（チェリスト）、三女・欧陽娣娣《オーヤンディーディー》（ヴァイオリニスト）が美人三姉妹として台湾で有名。

b **山村紅葉**●1960年、京都府生まれ。サスペンスの女王〟山村美紗を母に持つ2時間ドラマの裏女王。女優の前は大阪国税局の国税調査官、通称〝マルサ〟として働いていたが、出演ドラマでは脱税的な事件ではなく、殺人的な事件が圧倒的に多い。なお、キティちゃんが大好きで、自宅にはキティグッズが溢れ、壁もピンク一色でメルヘン感が満載である。

c **KTV**●中国のカラオケボックス。カラオケテレビの略称。KTVには、ただ歌ってカラオケだけを楽しむタイプと、お店のお姉さんと一緒にお酒を飲みながらカラオケを楽しむタイプとがある。後者はなぜか日式KTVとも呼ばれ、接待などに利用されることが多い。

お店に入り部屋に通されると、10人くらいの派手なドレスを着た女性が入ってきた。この中から、好きな相手を選べという。そこで、美勇士は赤いドレスの、山ちゃんはオレンジのドレスの、僕は緑のドレスの女性を選択。その後、ソファに腰を下ろし、青島ビールをオーダーして、乾杯した。

すると、山ちゃん付きの女性が、おもむろにリモコンで曲を入れだした。なぜだか、**ハウンドドッグ**[a]の「ff《フォルティシモ》」だった。

仕方なく僕がマイクを握り歌っていると、お通しとは呼べない盛大な乾き物が登場。少し嫌な予感がした。いや、予感的中だった。次に、頼んでもいないウイスキー水割り。その後も、お代わりなどしていない青島ビール、あげくの果てにはフルーツ盛り合わせまで出てくるありさま……。

もはや、ボッタクリ感が、フォルティシモと化していた。

結局、僕たちは、蛇頭的な男達に囲まれる中、激しい抵抗虚しく、W杯のチケットと同額の1人4万円も支払わされるハメとなったのだった。

さらに翌日、泣きっ面に蜂な事件が起こる。なんと、美勇士が、全財産の入った財布を、どこかに落としてしまったのである。警察に届けを出したり、心当たりのある場所を探したりしたが、見つけ出すことが出来なかった。

その結果、クレジットカードすら持ち合わせていなかった僕たちは、ドイツ入国の前に、笑えないくらい、ノーマネーになってしまったのだった。

なんとか到着したドイツでは、風ではなく、電卓に行方をまかせることとなった。

食事は、路上販売のソーセージと水より安い地元のケルシュビールで済ませることに。宿はトルコ人街にあるピンク色の真新しいホテルのダブルルームに3人で泊まらせてもらうことになった。そのホテルは数日前にオープンしたばかりで、なんと定価の7割引きにしてくれた。

そんな僕たちのテーマは、試合当日までの2日間を、いかにお金をかけずに楽しめるか？　そう考えた結果、ケルン市内のパブリックビューイングの会場に行ってみようということになった。

W杯中継以外にも、地元のバンドやパフォーマーがステージに上がり、一日中イベントを楽しめる。さらには、祖国の応援に世界中からやって来たハンナやナターシャやガブリエラと、ひと夜のアバンチュールが待っているかもしれない……という妄想トークだけでもお腹がいっぱいになる。

そんなこんなで、ライン川近くの会場を目指すことに。駅向かいの、圧倒的な壮大さと荘厳さで聳え立つ世界遺産の大聖堂を見上げながら、石畳の小径を行くと、眼前にライン川が現れた。川沿いには、小さな芝生の広場がいくつも点在し、すでに各国のサポーターが、ビール片手にピクニックを楽しんでいた。

しばらく歩いていると、球蹴りに興じる**ニコラス・ケイジ**[b]風な男を中心としたアメリカンな8人の男女の一団に遭遇。その光景をぼんやり眺めていると、アメリカ代表のユニフォームを着たショートカ

a ハウンドドッグ●1976年、東北学院大学の軽音楽サークルの仲間で結成。熱く燃えたぎるクセが強い大友康平のヴォーカルによる、軽快なロックと重厚なバラードナンバーで多くのファンを獲得する。1989年には、日本武道館15日連続ライブを決行し、その記録は今なお不滅。すったもんだの末、現メンバーは大友康平のみ。その大友はお茶目なキャラクターでバラエティ等でも活躍中。

b ニコラス・ケイジ●イカれた演技が半端ない、ハリウッド俳優。浪費家としても知られ、フェラーリの全車種を揃えたり、古城を購入したりと、私生活でのイカれっぷりも有名。叔父は、『ゴッドファーザー』や『地獄の黙示録』を撮った映画界の巨匠、フランシス・フォード・コッポラ。

ットの女性が、こちらに近づいてきた。

「コンニチハ。ニホンジンノカタデスカ?」

一瞬、身構えた。僕たちには、北京でのトラウマがあった。つたない日本語で近付いてくる外国人女性には気を付けろと。そんな事情を知ってか知らずか、彼女は**パックン**[a]並みの流暢な日本語で、自らの件を話し始めた。

「わたしは、イチフナのALT《外国語指導助手》として、2年間、千葉に住んでいました。サッカー選手のキタジマヒデアキも私の教え子です。いっしょに、いかがですか?」

ドイツで聞く「イチフナ《市立船橋高校》」と「キタジ《北嶋秀朗》」の名に、信憑性の高さが伺われた。彼女は、北京とは違い「¥」ではなく「縁」を感じ、声を掛けてきてくれたようだ。ならばと、貧乏ヒマありな僕たちは、喜んで球蹴りに参加させてもらうことにした。

日米、男女が入り混じっての和気あいあいなボール回しが始まるとすぐに、僕は、ふと、気付いたことがあった。

『キャプテン翼』の翼くんは、「ボールはともだち」と言ったが、サッカーボールは、ともだちを作る最高の道具でもあるんだと。

世界中で愛されているスポーツだからこそ、ボール一つで、国も言葉も性別も越えて、一瞬にしてつながっていける、ふれあっていける。同じ球技でも、中学・高校・大学とハンドボールのキーパー一筋な僕にとっては、とても新鮮で羨ましくもあった。

そして、思った。

なけなしのカネでボールを買おう。そのボールで、色んな国の人たちと、一期一会な球蹴りが出来れば最高だ。上手いとか下手だとか関係なく、みんなでボールを蹴って笑い合えれば、一日中、お金をかけずに過ごせるだろうと。

その旨、美勇士と山ちゃんに提案すると、2人ともノリノリであった。程なくして、これからスタジアムへ向かうというアメリカの皆さんと握手をして別れ、善は急げとばかりにボールを買いに行くことにした。

しかし新品は高くて手が出ない。使える予算は、3人合わせてわずか10ユーロ（約1500円）。

僕たちは、来た道を戻り、小径にあった雑貨屋に入ることにした。すると、偶然にも、使い古されたボロボロのボールが店頭に転がっていた。すぐさま僕たちは、頼み込んだ。

「このボールを10ユーロで譲って頂けませんか？」と。

白いタンクトップ姿の、右腕にバラのタトゥーが入った、**夏木マリ**[b]的な金髪店主が、「これはスタッフのモノだからねぇ〜。ちょっと聞いてくるわ」と言って、外でタバコを吸っていた大柄なスキンヘッド男に聞きに行ってくれた。すると、戻ってくるなり、ファンキーな女店主は、笑顔で親指を立てた。

a パックン●お笑いコンビ・パックンマックンの米国人のほう。ハーバード大卒の秀才で、1993年に来日。福井県の私立学校で英会話講師を務める傍ら、地元劇団「シベリア寒気団」にも所属していた。上京後、マックンと出会いコンビを結成。現在は、DJやコメンテーターとして活躍する一方、大学の教壇にも立つ。

b 夏木マリ●「年齢は記号」と語る、〝ベテラン女優。ジブリ映画『千と千尋の神隠し』の湯婆婆の声の人。女優業のみならず、自ら演劇公演を手掛けたり、シンガーとして圧巻のロックを披露したり、ジャジーな歌声で魅了したりと活動は多岐にわたる。ただ、六本木のうどん店つるとんたんは手掛けていないらしい。旦那は、日本屈指のパーカッショニスト、斎藤ノヴ氏。

商談成立である。

僕たちは、譲ってくれた男にも礼を言い、足早にさっきの広場に戻り、さっそくパス回しを始めたのだった。

しばらくすると、見るからに陽気な出で立ちのメキシカンの2人組が近付いてきた。

美勇士が、「ヘイ、アミーゴ！」と、カンポスくらいの身長の男にパスを出すと、男も、「ヘイ、アミーゴ！」と山ちゃんにパスをリターン。すると、「オレたちも入れてくれ」とパス回しに加わってきた。

メキシカンは出で立ちに違わぬ、底抜けな陽気さで、通りすがりのスペイン人、地元のドイツ人にもパスを交換をしていく。

僕たちも負けじと、ウクライナ人、フランス人に、「ヘイ、フレンド！」と、パスを供給していった。

その結果、気づけば、僕たちの一団は、入れ替わり立ち替わりはあるものの、常時10人以上の多国籍な集団になっていた。

そこで、だいぶパス回しも手詰まり感が出てきたので、2チームに分けてミニサッカーをしようということに。3点先取マッチで、試合が決すればチーム替え。

飲み干したケルシュビールの空き瓶をゴールに見立て、シュートは膝下くらいの高さまで。スライディングやチャージは厳禁。休憩は気の向くままに……。

来る者拒まず、去る者追わず。国籍、性別、年齢、実力問わず。みんなで和気あいあいと、楽しくやりましょう。そんな感じの、即席な国際草サッカーの開催だった。

とは言うものの、ゲームは白熱したものとなった。

「ウチの子も入れてほしい」とお母さんの要請で飛び入り参加した8歳の少年は、シュバインシュタイガーのユニフォーム姿で、酒気帯びな大人たちをチンチンにしていた。

アンリのユニフォームを着たフランス人の青年は、マルセイユルーレットで、僕を抜き去った。僕も負けじと、キーパーの時は、彼のシュートを全部止めてやった。美勇士や山ちゃんも楽しげながらも、その目は本気だった。

そんな中、もっともハッスルが過ぎたのは、出場国でもないベネズエラからやって来たオジさん、ウィルソン。ウーゴ・サンチェスばりのジャンピングボレーを繰り出して着地した際、地面にガラスの破片があったらしく、左腕から大流血。僕たちは、慌てて売店で消毒液と絆創膏をもらい、治療してあげた。

大惨事ではあったが、本人もみんなも、大笑いだった。

休憩中は、ケルシュビールを飲みながら、片言の英語で、〝各国おらがチーム自慢合戦〟が繰り広げられた。やれ、「今回もクローゼのヘッドが炸裂する」だの、「ウチにはジダンもアンリもマケレレもヴィエラもいる」だの、やれ「ラファ・マルケスこそが世界一のディフェンダーさ」だの、「シェフチェンコは誰にも止められない」だの、やれ「ビジャもトーレスもラウールもいる攻撃陣こそ最強だぜ」だの……。

僕たちも、「ナカータのキラーパスはスゴイぜ」と、負けじとアピールした。

ケルシュビールによるホロ酔いもあったかもしれないが、僕は人生で経験したことのないワクワク感に襲われていた。

サッカーは、国境も人種も民族も越えて、こんなにも、人と人とを繋いでくれるんだ。

それぞれに、生まれ育った場所も、生きてきた背景も、応援しているチームも、まったく違うけれど、きっと僕たちは、地元とサッカーが大好きな仲間同士なんだ。

しばらく、そんな夢心地な感慨に浸っていると、ふとある思いが、猛烈な勢いで去来してきたのである。

〝故郷・山梨にあるサッカークラブ、ヴァンフォーレ甲府に携わりたい。自分の経験や強みを活かして、地元の人達と喜びや感動を分かち合えるような仕事をしていきたい。〟

日本一の富士山を擁する、武田信玄のお膝元。そんな郷土にある、風林火山から名を取ったヴァン《風》フォ《林》ーレを、もっともっと魅力的なクラブにして、山梨県を盛り上げていきたい。

道半ばに終わった武田信玄の〝天下獲り〟の夢を、サッカーで目指していくのも良いかもしれない。

きっと、僕にとって、どんなCMやMVの作品を制作することよりも、やりがいとロマンがあって、一生涯、情熱を持って打ち込める仕事であるにちがいない。

その思いは、試合当日、街中でジダンとヴィエラの誕生日を祝う多くのフランス人サポーターに遭遇したり、スタジアムで数え切れないくらいのトーゴ人とハイタッチをしたりして、揺るぎないものになっていった。

ドイツから帰国後。

さっそく、ヴァンフォーレ甲府のホームページをチェックすると、なんとクラブの広報部に、高校のハンドボール部の先輩がいることが判明。すぐさまクラブに電話をし、十数年ぶりに会話する先輩に、ありったけの想いをぶつけてみた。

すると、先輩は優しくアドバイスをしてくれた。

「だったら、まずはボランティアをしながら、関係者からの信頼を得ていったほうが良いよ」と。決意が固まった瞬間だった。

2007年2月。僕は、東京での映像関連の仕事をすべて切り上げ、故郷の山梨に戻った。そして、ボランティアを始めながら、少しずつ、スタジアムの映像等を担当するようになったり、ひょんなことから、クラブの本を書くようになったりした。

加えて、時間が出来れば、何となくの想いとテーマを携えて、興味のある国へサッカー一人旅に出掛けている。気が付けば、今まで約20カ国で、サッカー観戦をしたり、現地の多くの人たちとふれあったりしてきた。

とどのつまり、僕は、〝北京KTV事件〟を引き金に、人生が一変したのだった。

目次

第 1 節

ファーストコンタクト

インドネシアとの出会いは、ヴァンフォーレ甲府がきっかけだった。

2013年6月、富士山が世界文化遺産に登録されたことで、観光が主要産業の一つである山梨県は、インバウンド強化を図るべく、人口が2億2000万人と世界4位を誇り、経済的にも発展中のインドネシアに着目。県は、ガルーダ・インドネシア航空と提携し、富士山をはじめ、県内の温泉や果物の魅力を発信していくとともに、学術文化やスポーツ等の交流を積極的に行い、多くのインドネシア人観光客を呼び込もうという施策を発表したのであった。

このプロジェクトの中で、ヴァンフォーレ甲府は、〝やまなしスポーツ大使〟に任命され、山梨県と協働でサッカーを通じた交流を担うこととなった。

そこで、ヴァンフォーレ甲府が行ったのが、2014年シーズンに向けて、ツイッターのフォロワー数が420万人で、国内で多くの広告等にも起用されるインドネシアのスーパースター、イルファン・バフディィム選手の獲得だった。インドネシア代表選手でもあるイルファン選手を獲得する事で、多くのインドネシア人が山梨県に関心を抱き、彼に山梨県の魅力をSNS等で発信してもらうことで、より多くのインドネシア人にやって来てもらおうという狙いである。

時を同じくして、Jリーグが推進する東南アジア戦略の一環で提携国枠が採用され、インドネシアも追加認定された。そのため、イルファン選手は3人の外国人選手枠やアジア人選手枠（1人）とは別枠となり、他の外国人選手と同時にピッチに立つことが可能となった。

そんな注目のイルファン選手が加入した3カ月後の2014年5月6日。Jリーグ第12節ホーム浦和レッズ戦が国立競技場で開催される（当時、浦和レッズとのホームゲームは、集客面の期待と、それに伴うセキュリティ面の問題から、ホームスタジアムの山梨中銀スタジアムではなく国立競技場で開催されていた)。

しかも、このゲームが、代表戦やＪリーグ、高校選手権で、幾多のドラマを生み出してきたサッカーの聖地・国立の取り壊し前、最後のサッカーイベントでもあった。

そして、ヴァンフォーレ甲府は、この国内外のサッカーファンが注目するメモリアルマッチを、『インドネシアデー』と銘打った。インドネシアとの友好を深めるべく、イルファン選手の応援にやって来たインドネシア人のチケットは５００円という、なんとも大判振る舞いな企画なのだ。

この企画を受け、スタジアム映像や楽曲等を担当していた僕は、早速、広報で高校のハンドボール部の先輩である鷹野氏とミーティングを行った。

数百人の来場を見込んでいるインドネシア人へのおもてなしとして、あまりお金をかけずとも、喜んでもらえる仕掛けが出来ないかと……。

そこで、スタジアムに合いそうなインドネシアの楽曲をＢＧＭで流そうというアイデアが浮かんだ。

それは、こんなイメージ《妄想》だ。

①試合前のアップに登場する、イルファン選手。
②インドネシア国旗の小旗を振り、盛り上がるインドネシア人たち。
③そこに、おもてなしの意を込めた、ノリの良いインドネシアの楽曲。
④喜びに沸く、インドネシア人。
⑤自然発生的な、イルファンコール、インドネシアコール、そして、ヴァンフォーレコール。
⑥その光景を見て、笑みを浮かべるインドネシアの要人の方々。

⑦嬉々として、ペンを走らせ、シャッターを切る、インドネシアの取材陣。
⑧そんな期待に応え、イルファン選手の活躍で浦和に勝利！
⑨山梨県における、インドネシア人のインバウンド増加……。

微力かもしれないが、少しでもお役に立てればと、2人で、こんな成功ストーリーを思い描いたのである。

そこから、僕のインドネシア漬けの1週間が始まった。

まずは、フェイスブックでインドネシア人のページを研究。彼ら彼女らのアップした写真等で日常生活をイメージしたり、好きな有名人や音楽をチェックし、どんな人やモノが流行っているかをリサーチ。

そして、当たりを付けたアーティストや音楽を皮切りに、YouTubeやiTunesを駆使して、大御所、若手、ロック、ポップス等、ありとあらゆるジャンルのインドネシアの曲を聴きまくった。ほとんどお金にはならないが、この企画に意義とご縁を感じ、仕事場に籠って、朝から晩までヘッドフォンをして作業を行う日々。

その結果、500曲以上を試聴し、コレは！ と思う2曲をピックアップした。が、哀しいかなインドネシア語がまったく分からない。タイトルくらいはネットの翻訳機能でイメージはつくのだが……。

スタジアムでのフィット感には自信がある。しかし、どんな歌詞なのか、何を歌っているのか、皆目見当がつかない。万一、それらが放送禁止用語満載なデンジャラスな曲であったなら、64年の歴史に幕を閉じる聖地に泥を塗ってしまうどころか、日本・インドネシアの国際問題に発展しかねない。

ただでさえ、〝ジャパニーズ・オンリー〟事件（浦和レッズのホームスタジアムで排外的な弾幕が掲げられた）があった2カ月後である。対戦相手は、その当事者でもある浦和レッズ。なにか「こと」があれば、火に油以上の何かを注ぐことにもなってしまうだろう……。

突然、そんな不安とプレッシャーが、襲ってきたのだった。責任重大。慎重と万全を期そう。心に強くそう誓い、気を引き締めた。

じつは、僕と広報・鷹野氏にはホロ苦い過去があった。

２００８年、ヴァンフォーレ甲府のホーム・小瀬《こせ》陸上競技場（現山梨中銀スタジアム）の電光掲示盤が、まだ単色のドットで構成された文字や図しか出せなかった頃。韓国サッカー協会の方々が、地方クラブの成功例ということで、ヴァンフォーレ甲府に視察にやって来て、ホームゲームを観戦されることになった。

そこで、韓国サッカー協会の方々のご来場をスタジアムＤＪが紹介する際に、おもてなしの意を込めて〝ようこそ〟というハングル文字を、電光掲示盤で出そうと企てたのだ。

鷹野氏がネットで韓国語の〝ようこそ〟を調べてみると、いくつか候補が出てきた。ハングル文字作成には、ペイント機能を使い丁寧にマウスで手書きをし、ドット構成だと曲線部分がギザギザになってしまうため修正にも手間がかかる。なかなか難儀な作業である。そういうことも加味し、出来るだけ画数が少なく、丸みの少ないモノを候補の中から選ぶことにした。

たった数文字ではあったが、お互いがガッツポーズをするほどの力作が出来上がった。そして、それを電光掲示盤に映し出し写真に収め、鷹野氏の大学の同級生で韓国語が堪能な方に、意気揚々と写メを送ってみた。

すると程なくして、その方から返信が。

「このハングルは、ポン引きが、〝お兄さん、いらっしゃい、いらっしゃい〟って感じで使う、超ナンパな言葉です（笑）。これはマズいです。下記のハングルが良いかと思います」

それは、候補の中でも、より作成が大変そうなハングル文字だった。

2人で「危ない、危ない」と苦笑いを浮かべながら、こういった案件は想いと勢いだけで突っ走ると大ヤケドしちゃうから、初めに、有識者に裏付けを取ってから事を始めようと反省しつつ、〝おもてなし〟な文字を作成したのだった。

そんな過去を踏まえつつ、インドネシア語が堪能な方を、手当たり次第に探しだした。そして幸運にも、ジャカルタに3年間在住し、インドネシア語も完璧で現地のカルチャーにも詳しいM氏を紹介してもらえることとなった。

さっそく、その方のメールアドレスを教えてもらい、〝かくかくしかじかで、この2曲を聴いて頂き、お手数ですが、曲の内容やご感想を教えて頂けませんでしょうか？〟とメールを送ってみることに。

すると、数時間後、M氏から興奮気味な返信がやって来る。

「最高の選曲です！　これは間違いなく、インドネシア人が大喜びするはずです！」

特に、僕の一番のオススメだった、superman is deadというバンドの曲は、建国を記念して作られた、インドネシア人なら誰でも知っている原曲を、パンクロック風にアレンジしたモノのようだ。

「インドネシア人の誇り、希望、団結が詰まった曲です」とのことだった。男女デュオの少しラップが入った曲も、揺らめく国旗にインドネシアへの思いを綴った叙情的な歌詞らしく、「インドネシア人のツボを押さえています！」とのことだ。

その結果、この賛辞メールと鷹野氏のＯＫを頂いて、僕の仕事は終わりを告げた。そして、それらの曲を何度も何度もリピート再生しつつ、スタジアムで喜ぶインドネシア人、ピッチで躍動するイルファン選手の姿に思いを馳せながら、美酒に酔いしれたのであった。


ところが……である。

そもそもな事態が発生。なんと、インドネシアデーだというのに、主役のイルファン選手が、怪我やコンディション不良ではなく、戦力的、戦術的な都合により、監督判断でベンチ外になったのだ。

よって、鷹野氏とミーティングで描いたストーリーは、音を立てて崩れてしまったのである。

「この日ばかりは、使わなくてもベンチだけには入れといてよ……」とやり切れない気分にもなったが、そんな当時の監督の、大人の事情やご都合主義に流されない、チーム作りにおける一貫したフェアな姿勢に、ちょっぴりシビれたりもした。

そして急遽、スタジアムのコンコースでイルファン選手のサイン会が実施される運びとなったのだ。

予想通り、お客さんのインドネシア人のほとんどが、サイン会場のコンコースに大挙押し寄せたのだった。

その結果、厳選に厳選されたインドネシアン・ミュージックは、肝心のインドネシア人に届かず、スタンドでは何も起こらないまま終了したのだった。

そんな、聖地ラストでの、やるせない思い出が、インドネシアとのファーストコンタクトであった。

第2節

ボスニアの「マンマミーア」

国立ラストでの〝インドネシアデー〟の約8カ月前。2013年10月13日。

僕は、ボスニア・ヘルツェゴビナの首都サラエボの、パブリックビューイング会場に居た。

この日は、ボスニア代表がアウェイでのリトアニア戦に勝利を収めると、9分9厘、グループ1位突破でブラジルW杯出場が決まる、大一番な1日であった。

首位のボスニアは、2位ギリシャとは同じ勝ち点ながら得失点差で17の差がある。そして、相手はホームで3－0と完膚なきままに打ちのめしたグループ4位のリトアニア。

あの忌まわしい紛争を乗り越え、旧ユーゴスラビアからの独立後初の国際舞台へ。そんな国民の悲願が、もう手の届くところまで来ていた。

ここまで辿り着くには、元日本代表監督で、祖国の英雄であるオシムさんの多大なる献身と功績抜きには語れない。

ボスニアサッカー協会には、民族対立の影響から、ムスリム系、セルビア系、クロアチア系の、3つの民族の協会が存在し、その3団体で16カ月毎に会長職を回していく輪番制が採用されていた。そして、この〝一般的ではない〟組織運営は、自民族の保身や利権争いを生み出し、不正や腐敗につながっていった。

この事態を憂慮したFIFA《国際サッカー連盟》は、2011年4月、ボスニアを加盟国から除名。サッカー協会会長を1人に統一しない限り、全てのカテゴリーにおいて、一切の国際試合の出場を禁止すると勧告したのだった。

そうした中、FIFAからの除名処分を撤回すべく、ボスニアサッカーの〝正常化委員会〟が立ち上がる。そこで委員長として、会長の一本化に向け、3民族の協会をはじめ、大きな影響力を持つ政治家等、多くの要人との交渉に奔走し、サッカー協会を一つにまとめあげ再加盟に尽力したのが、オシムさんだったのである。

ボスニア代表が、世界最大規模のスポーツの祭典に出場する——それは、今もなお、戦争や紛争が絶えないこの世界に、ヘイトスピーチや近隣諸国との関係等が盛んに取り沙汰されている我が国ニッポンに、大きなメッセージとインパクトを与えてくれるだろう。本当に意義深い歴史的な出来事になるはずだ。

僕は敬愛するオシムさんが、脳梗塞の後遺症を抱えながらも懸命に繋いでくれた、ボスニア代表W杯初出場決定の瞬間を、サラエボの、ボスニアの人達と喜び合って、この出来事の意味を現場で感じたいと思い、この地にやって来たのだった。

パブリックビューイングの会場は、BBIセンターという有名なショッピングセンター前のスペース。そこに、ショーアップされた特設ステージが組まれ、その周辺には、テーブルサッカーやPKゲームなど、子供たちが遊べるアトラクションも多く設置されていた。

さらに、携帯会社とコラボしたブースでは、ブルーのポロシャツを着たお姉さん達が、酸欠になりかけながらもスティックバルーンを膨らましては、子供たちに配っていた。

試合開始、1時間前。特設ステージでは、ボスニアサッカー界のレジェンドが登壇したり、ボスニア代表の公式応援歌を歌うアーティストがライブを行ったりと、ボルテージは徐々に高まっていく。

そんな僕は、露店で購入した、青黄色のボスニア国旗をあしらったハットと〝エース〟ジェコのユニフォームを身に纏《まと》い、ステージの最前列に居た。最前列に陣取っていたのには、訳がある。

この日、朝から地元テレビ局ではボスニア国民大注目の試合を独占放送中であった。おそらく全盛期のザ・ドリフターズを凌駕するであろう視聴率が見込める番組の目玉が、チーム帯同カメラ、試合会場、スタジオ、そして2つのパブリックビューイング会場を結ぶ5元中継だった。

定宿を出た僕は瓶ビール片手に早めに会場入りして、何人かのボスニア人サポーターと語り合ったり、記念写真を撮ったりしていた。すると、そんな光景を見ていたプロデューサーが、僕に声を掛けてきたのだ。

「試合前、キミにも壇上で盛り上げてもらうかもしれない。ついては、いつでもGOサインが出せるよう、ステージの目の前に居てほしい」と。「そんな盛り上げるなんて事、僕には出来ませんよ」と、一旦は丁重に断ったのだが、「君がステージに上がるだけで、十分、みんな喜んでくれるからさ」と押し切られてしまった。

と言う訳で、いきなり、そんな重責を仰せつかい、ドキマギしながら、最前列でスタンバっていたのだ。

結局、登壇のお呼びは掛からなかったのだが、宿のオーナー曰く、ドリフ番組の常連・**小柳《こやなぎ》ルミ子**[a]くらいの登場頻度はあったそうである。

真意のほどは定かではないが、ひょっとしたら、中継でオシムさんと縁のある日本人が映り込むという演出をすべく、あの場に立たされただけだったのかもしれない。

そんなこんなで、いよいよ運命の大一番の笛が鳴らされたのだった。

ホームでは3ー0で完勝しているボスニア代表だったが、この日は、その重圧からか、やや動きが硬くチグハグなミスが目立った。加えて、予選敗退の決まっているリトアニアの予想外の健闘もあって、一進一退の攻防が続いていた。

そんな矢先、時を同じくして、ボスニアと同じ勝ち点ながら、得失点差で2位のギリシャが、リヒテンシュタインから先制点を決めたと速報が入る。

このまま引き分けでは、ギリシャに逆転され2位となり、プレーオフにまわってしまう。プレーオフでは、他のグループ2位の国と戦わなければならず、初出場のハードルがグッと上がる。実際、ユーロ2012予選ではプレーオフにまわり、クリロナ率いるポルトガルに大敗を喫した。あんな苦い経験は、もううんざりだ。今日、何としてでも勝利を掴み取り、悲願を達成したい。

そんな、不安ともどかしさを抱え込みながら固唾を飲んで見守るやきもきした時間が、ずっと流れていた。

しかし、後半22分。ボスニアに待望の瞬間が訪れる。左に開いていたエース・ストライカーのジェコが、チームの10番ミシモビッチからのパスを受けると、ドリブルで相手ディフェンダーをかわし、マイナス気味の折り返し。中央で合わせたのは、シュツットガルト時代に岡崎慎司とチームメイトのイビシェビッチ！！

その瞬間、大画面に映し出される光景と実況の雄叫びに呼応するように、サラエボっ子の感情が、一気に爆発した。BBIセンターに、つんざくような歓喜の咆哮がこだました。そして、多くの発煙筒によって、会場が赤く染まっていく。

そんな喧騒とは対照的に、僕は意外と冷静なままだった。実力差や置かれた状況を鑑みれば、今まで健闘していたリトアニアの気持ちも落ちるはずだ。ほぼほぼ、ボスニア代表はW杯初出場を手の中に収めたと言っても過言ではない。

a 小柳ルミ子● 1970年、宝塚音楽学校を首席で卒業。歌手として『わたしの城下町』『瀬戸の花嫁』等、数々のヒット曲がある一方、1983年の映画『白蛇抄』では、激しい濡れ場を含む体当たり演技で第7回日本アカデミー賞最優秀主演女優賞に輝く。近年では、年間2000試合サッカー観戦するメッシLOVEな人としてお馴染み。なお、クリロナのことは、「人間的に好きではない」らしい。

オシムさんは今、どんな表情で、何を感じているのだろうか？

そして、世界は、日本は、この〝幸せな事件〟をどのように報じるのだろうか？

これを機に、もう一度、戦争とは？　平和とは？　を考えるきっかけになるのだろうか？

そんな事を考えながら、興奮絶頂なボスニア人の姿を見つめていた。

そして、1ー0のまま、後半アディショナルタイムへ突入。あと3分……。

目に涙を浮かべている老夫婦。祈りながら試合を見つめる30代と思しきカップル。お父さんに肩車をされて無邪気な笑顔を浮かべる男の子。発煙筒を焚いて大騒ぎをしている若者たち。それぞれに、いろんな思いが去来しているようであった。

アディショナルタイム2分50秒。カウントダウンの大合唱が始まった。

「デセト《10》、デヴェト《9》、オサム《8》、セダム《7》、シェスト《6》、ペト《5》、チェティリ《4》、トゥリ《3》、ドヴァ《2》、イェダン《1》、yeah!!!!!!!!」

直後、レフェリーの笛が鳴った。狂喜乱舞の会場。しかし、これは、どうやら相手ファウルによる反則の笛だった。みんな、少しズッコケた。

それから30秒後。今度こそ、歴史的な瞬間を告げるホイッスルが響き渡ったのだった。

酒とタバコで仕上げたようなダミ声実況の、「ブラジール!!!　ブラジール!!!」の大絶叫。

壇上で感慨深げに抱き合うレジェンドたち。

雄叫びをあげてガッツポーズを繰り返すサポーター。

その瞬間、サラエボが揺れた。

20年前、絶望と悲嘆に見舞われた紛争の最激戦地は、歓喜と興奮の坩堝と化した。街には、殺戮の砲弾ではなく、祝福の花火が夜空に打ち上げられた。ほどなくして、ボスニア代表の公式応援ソング♪Hajmo Bosnaが爆音で流れ出す。みんなで、跳びはねながらの大合唱。

この瞬間に、この光景に、立ち会いたくて、僕は此処にやって来たのだ。ただただ目頭が熱くなるばかりだった。

そんな中、最前列で動画撮影をしていた僕のカメラに、投げキッスをして喜びを表現した男が居た。首周り、胸板、見るからに〝尋常じゃない〟体躯をした男。そして、板についた投げキッス。気になったので、彼に話し掛けてみた。

彼の名は、ケマル・チェサ、通称ケモ。ケモの他にもバナナマンの日村と**三瓶**《さんぺい》[a]を足して2で割ったような顔立ちとフォルムのアメル、セサミストリートタッチな目鼻立ちが印象的な長身で細身のネルミンが居た。

他の2人より英語が話せるネルミンが、自分たちのことを教えてくれた。彼らは、サラエボにほど近い、ヴィソコという、ピラミッドが有名な街から、車でこの会場にやって来たそうだ。3人ともご近所で、通っていた学校もぜんぶ一緒の幼馴染。

そして、ケモの職業を聞いて驚いた。彼は、なんと、プロのサッカー選手だったのだ。

a **三瓶**●1976年、福島県生まれ。服部栄養専門学校卒。2001年、フジテレビの深夜番組『BACKUP!』（フジテレビ）で披露した持ちギャグ「三瓶です」が、司会のおすぎとピーコに激賞され、お昼の人気番組『笑っていいとも！』（フジテレビ系）出演へとつながる。また大のサッカー好きとしても知られ、衣装は海外チームのユニフォームを着用することが多い。最近では、〝アモーレカップル〟長友選手と平愛梨のキューピッド役としても有名。

午前２時半。祈念碑「永遠の炎」の前で、帰還した代表チームと大祝勝会。歓喜の発煙筒が焚かれた

しかも、なかなかの強者《つわもの》である。昨年のボスニア2部リーグのベストイレブンに輝いたフォワードで、現在、セルビアトップリーグの中堅クラブをはじめ、国内外の複数のクラブからオファーをもらっている状況だという。

道理で、重戦車然とした肉体とゴール後のパフォーマンスを彷彿とさせる投げキッスであった。僕は、これも何かのご縁だと感じ、彼らともう少し仲良くなりたいと思った。そこで、興奮冷めやらぬ会場近くの広場でベンチに腰を下ろし、ケモ軍団と語り合うことに。

さっそく、アメルがドリンクを調達に行ってくれた。僕とアメルとネルミンは瓶ビール、サッカー選手でこの日のドライバーのケモはコーラを片手に、ボスニアのW杯出場と、ボスニアサッカーを救ってくれたオシムさんと、僕たちの出会いに、〝ジーヴェリ!!!〟と天高く乾杯した。

その後、ネルミンを通訳に、ケモから話を聞く。

紛争が勃発した頃、ケモはまだ幼児で、「当時のことはあまり覚えていない」。ただ、親族には戦火を逃れスウェーデンに移り住んだ人達もいるという。そして、今日この場には、彼の親戚と同じく移民として他国で暮らしている人々が、祖国の快挙を祝うべく、大勢集まっているとのことだった。

「ボスニア代表は、彼らの心の支えなのさ」というケモの言葉が、この会場の光景を、より一層、感慨深いものにした。

サッカー選手としてのケモは、ベンゼマのプレーを日々研究しているそうだ。味方にスペースを作ったり、パスコースを引き出したりする、前線での献身的で気の利いたプレーが勉強になるらしい。見るからにゴリゴリ系のFWだと勝手に想像していたが、意外にもチームプレーを大事にするプレーヤーのようだった。

そんな彼が出場するリーグ戦が、5日後にあるという。ついては、ヴィソコのバスステーションまで来てくれたら、スタジアムまで連れて行ってあげるという。経験上、こういうお誘いは乗っかるに限る。ちょうどその日は帰国前日で、ゆっくりサラエボ旧市街を観光しようと考えていたのだが、急遽、ヴィソコでピラミッドを観光しつつ、ケモの試合観戦という、一期一会なプランに変更することにした。

会場はまだまだ歓喜と興奮冷めやらぬ状況ではあったが、彼らも帰宅しなければならず、この日はフェイスブックで友達になって、ケモ軍団と別れを告げげたのだった。

約束の日。サラエボ中央駅に隣接したバスステーションから30分程バスに揺られ、午前10時、ヴィソコに到着。

まずはタクシーを拾い、ピラミッドへと向かう。てっきり、エジプト的なモノをイメージしていたのだが、どうやら山全体がピラミッドらしく、全貌を拝めるわけではないようだった。

せっかくなので、インディ・ジョーンズな出で立ちをしたガイドによる〝ピラミッド地下探索ツアー〟に参加することにした。アメリカ人、フランス人、イタリア人の皆さん10人くらいと一緒に洞窟のような通路を、ガイドのお話を聞きながら、ずんずんと歩を進めていく。

すると、突然、巨大なストーンが現れた。ガイドの説明によると、この世のモノではない物質らしく、それに手を当てると、体内の悪い気が一掃され、自分の身にあり得ないくらい良い出来事が起こるというのだ。

そして、そのポイントで、参加者全員がストーンに手をかざしながら10分くらい瞑想するのが、ツアーのハイライトだった。

ところが、である。パワーストーンでの瞑想を終え、出口に向かう途中で、事件が起きた。なんと、イタリア人老夫婦が、ぬかるみに足を取られ、持っていたカメラを破損してしまったのだ。

「マンマミーヤー」

旦那さんから発せられた嘆きは、何とも呆れと哀しみと少しの怒気がこもっていて、**往年のカズ**[a]のソレとは違い、情感と本場感の度合いがハンパないものだった。よって、ストーンの効能のほどは、ツアー参加者にとって半信半疑なものとなってしまったのだった。

そんな、モヤっとした余韻が残るピラミッドツアーを終え、タクシーで再び、バスステーションへ。すると、ケモ軍団のアメルとネルミンが待っていてくれた。

そして、新顔でドライバー係の、ジャスティン・ビーバーから中性的な雰囲気を取り除いたようなルックスのシャバノビッチという細マッチョな青年が、「初めまして」と握手をしてきた。

ケモは、すでに選手バスで出発しているとのことで、僕たちはシャバノビッチのワーゲンゴルフに乗り込み、スタジアムへ向かうことにした。バスステーションから、自然豊かな山間をひた走ること1時間ちょっと。試合時間ギリギリで、ケモが所属している赤いチームカラーのムラドスト・ドボイ・カカニのホームに到着。

a 往年のカズ●イタリア・セリエAのジェノア在籍時のキング・カズがイメージキャラクターを務めていたサントリー『デカビタC』のCMでのこと。手漕ぎボートの上に立ち、「♪99まで数えてダメなら〜」と陽気に歌っているとボートの穴から水が入り込み浸水の憂き目に。その際に発せられたのが「マンマミーヤ」。ほかにギターを持って汽車のデッキで陽気に歌っていると、急にトンネルに入り煤だらけになるというトンネル篇もある。

そこは、川沿いの緑に溢れ、近くをD51を思わせる機関車が走る、とっても牧歌的な、500人くらい収容の野っ原のようなスタジアムだった（本来は、数千人収容のスタジアムがあるそうだが、改修工事のためしばらくは、この〝野っ原〟スタジアムを利用しているとのことだ）。

約200円のチケットを購入し、ほぼほぼ満員のスタンドに着いた頃には、すでに試合が始まっていた。

4−3−3のセンターFWを担っている背番号9のケモ。日々のベンゼマ研究はダテではないようで、ゴリゴリながらも、味方を活かす動きが冴える。体を張ってボールキープし中盤の攻め上がりを促したかと思えば、ダイアゴナル（斜めへの走り）な動きで、パスコースやスペースを作る効果的な走りを繰り返す。

そして守備では、豊富な運動量で、前線から相手センターバックへ猛烈にプレスを掛けまくっていた。そんなケモの奮闘もあり、カカニは前半を2−1のリードで折り返した。そして、後半。ケモに待望のゴールが生まれる。

右サイドをワンツーで抜け出した味方選手からのアーリークロスに、ニアに走り込んだケモが、ヘッド一閃！！！

これが、ダメ押しゴールとなり、カカニが3−1で見事勝利を収めた。この日の彼のプレーは、間違いなく、2部リーグベストイレブンそのものであった。僕は、彼の〝献身的な重戦車〟のようなプレースタイルに衝撃を受け、チャンスがあれば、ヴァンフォーレ甲府に紹介したい色気も少しあって、この日以来、頻繁に連絡を取り合うようになったのだった。

サラエボ国際空港から、イスタンブールを経由して成田空港に到着した僕は、その足で粘土作家のデハラユキノリ氏の個展が開催されている御徒町へと向かった。この日は初日で、オープニングパーティーでは参加者にお酒が振る舞われた。そこで出会ったのが、しゃがれたハイトーンボイスが特徴的な編集者のS氏である。

ちょうどボスニアから帰国したばかりで、ヴァンフォーレ甲府に携わっている旨、自己紹介させて頂くと、S氏はさらに1オクターブ高いトーンでまくし立てた。

「本当っすかーー!? ちょうど今、弊社はプロ野球とかJリーグチームのあるある本を作っているんですよ! 最近、『浦和レッズあるある』を出したばかりで、今度は熱い地方クラブを出したいねって、ヴァンフォーレ甲府なんか良いねって、みんなで話してたとこなんすよ。ちょっと担当編集者に会ってもらっても良いっすか!?」と。

そして、3日後。担当編集者F氏との打ち合わせが行われた。顔合わせと、著者を誰にして、どうクラブに提案していこうか的なミーティングの予定だった。しかし、僕が喜々として、ヴァンフォーレ甲府の与太な裏話を繰り出しまくっていると、「じゃあ、小松さんが書いちゃいますか?」と担当編集者F氏が、あくまでジョークのつもりで聞いてきた。

そんなフリに対し、兄が国語教師、弟は作詞家協会所属という三兄弟の次男にして、大学時代、放送作家志望だった僕は、まんざらではないリアクションを取ってしまう。

引くに引けなくなったF氏。「じゃあ、アナタが書いてください」という運びとなった。

そんなこんなで、ボスニアから帰国3日後に、僕の作家デビューが決まったのである。きっと、こんな〝ないないない〟な展開は、ヴィソコのパワーストーンのおかげにちがいない。心の中で、感嘆と歓喜の「マンマミーヤ!!!」を叫んだのであった。

ただ、この時のボスニア旅でのケモとの出会いが、まさかインドネシアに繋がっていくとは、当時は、まったく知る由もなかったのだった。

第3節

インドネシアが呼んでいる

ボスニアでの一件から半年後。ケモから、久々にメッセージが来た。新天地へ移籍のお知らせだった。彼は、出会いからまもなく、セルビア・リーグの中堅、FKノヴィ・パザルというクラブへと移籍。本拠地であるノヴィ・パザルという街は、セルビアの中でもオスマン帝国時代の影響が色濃く残り、ムスリムであるボスニャク人（ボスニア人）が多くの住んでいる土地である。そんな同胞サポーターの多いクラブに、大きな活躍を期待され入団したのであった。

しかし、彼は加入直後の練習で、全治数週間の怪我を負ってしまう。その後、懸命なリハビリにより順調な回復は見せたものの、復帰後もベストコンディションには程遠く、試合に出場出来ないまま、わずか数カ月で契約解除という憂き目に遭ってしまったのだった。

そこで、過去に少しだけ在籍したことのある、バイキングル・オラフスヴィクというアイスランド1部のクラブからオファーをもらい、再入団を果たしたとのことだ。

「今日、無事にアイスランドのクラブとサインしたよ！」というメッセージが、〝クラブGMと一緒にユニフォームを持った〟お決まりの写真とともにやって来たのであった。

背番号は8。攻撃的な即戦力として期待の高さが伺えた。

グーグルアースで検索してみると、オラフスヴィクという街は、アイスランドの中でも雄大な大自然と岬以外〝何もない〟、まさに襟裳岬のようなところである。

そんな彼の地へ、ケモはセルビアでの挫折を背負ったまま、再び単身乗り込んだのだった。そこで彼を待ち受けていたのは、〝寒い友だちが訪ねてきたよ〟とばかりに温かく迎えてくれた、チーム関係者やサポーターたちだ。なかでも、チームメートでスペイン人のMFモッシとDFキコは、同じ外国人助っ人選手という境遇ゆえ、すぐに仲良しになった。そして、ケモが僕を辿々しい英語で彼らに紹介したのだった。

「日本のJリーグクラブでスカウトをやっているヤツが友達に居る」というニュアンスで……。察するに、きっと、そんなストーリーがあったにちがいない。

突然、僕のFacebookに、モッシとキコから友達申請がやって来た。猛烈な自己PRとプレー映像を添えながら、「オレたちを日本でプレーさせてくれないか?」と。完全に勘違いされてると思いつつ、ケモの手前、スルーするわけにもいかず、とりあえず友達承認し、彼らの経歴や映像、メッセージをチェックしてみることにした。

28歳のMFモッシは、若い頃、ビジャレアルユースやアトレチコ・マドリーのBチームに所属していたようだ。銀行員のような真面目そうな風貌とは裏腹に、かなりなテクニシャンで、ショートパスやスルーパス、ドリブルを駆使して、チームに決定的な場面を生み出すクリエイティブな選手であった。フリーキックも非常に得意なようである。ボールを持った際の姿勢の良さも印象的だった。

一方、26歳のDFキコは、主にスペイン2部や3部のチームでプレーしていたという。チームカラーに染め上げた鶏冠スタイルの髪型をしたキャッチーな風貌と、190センチの強靭なフィジカルを駆使したエアバトルや激しいスライディングタックルを得意とする、非常にピッチ映えする選手であった。チームを鼓舞する姿からは、強烈なキャプテンシーも窺えた。

メッセージによると、2人は、バレンシア出身の幼馴染で、それぞれ前所属クラブとの契約が満了した時に、知人の紹介で一緒に現在のアイスランドのクラブへ入団したとのことだ。2人とも、小さい頃から東洋の文化に興味があり、いつかはアジア諸国でプレーしたいと考えていたようである。

特に、モッシは10代の頃、日本からサッカー留学でやって来たヒジカタというチームメートと相部屋で、彼の優しさや礼儀正しさに触れ、日本への憧憬が強くなっていったそうだ。

しかし、まずは、そのフンガフンガした荒い鼻息を諌めるべく、彼らに正しい情報を伝えることにした。僕は、確かにJリーグクラブの仕事に携わっているけど、スカウトや強化部の人間ではないから、お役に立てないと思うよと。とはいえ、これも何かのご縁だし、彼らのレベルも決して低くはなさそうなので、せめて、自分が出来うる範囲で最善を尽くしてあげたいと考えた。

そこで、知人に頼み込んで、J2とJ3の複数のクラブに、彼らのプロフィールと映像をお送りさせてもらうことにした。

「ご興味ございましたら、ご一報ください」と。

しかし、案の定、どこからも色良い返事は来ずであった。無理もない。まず僕が何者であるかを、説明するのがやっとなのに。ただでさえ、サッカー界には、選手やクラブを食い物にして私腹を肥やす怪しいエージェントや関係者が山ほどいる。そんな中で、どんなに清廉潔白で人助け的な行動であろうとも、実績ゼロで強化には門外漢に等しい人間が、先方の信頼を得て選手を獲得して頂けるほど、たやすいビジネスではない。

この結果を踏まえ、彼らには、丁重にその旨お伝えして詫びた。

「今回はお役に立てず、申し訳ない。引き続き、チャンスをうかがってはみるけど、あんまり期待しないでほしい。僕はあくまで、スタジアムの映像を作ったり、演出に携わっている人間なんで。まずは、君たちに会って話しをしたり、直接プレーを観たりしたいけど、アイスランドは遠くて、簡単には行けないよ」と。

彼らも、一様に了承してくれたようだった。

それから月日が流れ、2015年8月。久しぶりに、モッシから連絡が来た。契約延長のオファーを蹴り、アジアを目指すという。

アイスランドリーグは、厳しい冬を避け、5月に開幕し9月に閉幕する。そこで、リーグ戦が終わったら、一度、故郷のバレンシアに帰って自主トレを行い、アジアのクラブが新シーズンに向けて補強を考え出す冬頃に、アジア・トライアルツアーを行うという趣旨であった。

まずはアジアのどこかのクラブでプレーする。その暁には、ぜひ俺たちのプレーを観に来てくれ！もし気に入ったら、もう一度、Jリーグに売り込んでくれ！

そんな熱烈で切実な想いが溢れ出たメッセージであった。

2015年11月初旬。彼らは宣言通り、アジアツアーを敢行する。その第1弾が、インドネシアだったのだ。知人のエージェントの伝手で、インドネシアの超人気クラブ、アレマ・クロノスへの練習参加が決まったのである。

インドネシアでは、政府のリーグ戦への介入等があり、国内にリーグが2つ存在するという、一時の日本のバスケットボール界のような歪な形態が何年か続いた。さらには、選手への給与未払いや八百長の噂も絶えない。

そんな状況を憂慮したFIFAによって、2015年6月に除名処分が科された。すべての国際試合の禁止、FIFA加盟国のクラブ間との移籍禁止等、厳しいペナルティを受けている渦中であった。

そうした背景もあり、モッシとキコのような完全フリーの選手は、加入しやすい状況にあったのだろう。なんと、彼らは練習参加たった3日で、入団を勝ち取ったのであった。

まずは、11月中旬から開幕するカップ戦用の助っ人外国人として、3カ月間の契約。その後は、活躍次第で契約延長も十分あり得るとのことだ。

それは、インドネシアの有力紙のスポーツ欄にも大きく取り上げられた。モッシは、律儀にメッセンジャーで、入団報告とともに、その記事を送ってきてくれた。

翻訳機能と想像力を駆使し、新聞記事の内容を読んでみると、〝アレマの監督で、インドネシアサッカー界の英雄的な存在のジョコ・スシローが、バルセロナのサッカーを標榜していたこともあり、ティキタカの国からやって来た2人に、大きな期待を寄せている〟的な記事であった。

そんな彼らのハッピーなニュースは、想いを持ってアクションを起こした人間にのみ、チャンスが転がり込んでくるんだと、当時、人生がなかなか思うようにいかず悶々としていた僕を、励まし勇気づけてくれたのだった。

そして、そのことにより……

①山梨県によるインバウンド強化施策→ヴァンフォーレ甲府にイルファン選手加入→国立ラストでの〝インドネシアデー〟実施決定→選曲作業に明け暮れた日々→まさかの、イルファン選手ベンチ外な〝インドネシアデー〟本番。

② ボスニア代表W杯出場決定の瞬間のサラエボ→パブリックビューイング会場でのケモとの出会い→ケモのアイスランド移籍→モッシとキコとの出会い→モッシとキコのインドネシアへの移籍。

山梨とサラエボから始まった、まったく関連性のない2つの出来事が、インドネシアで繋がったのである。

〝インドネシアが呼んでいる〟

僕は、インドネシアに行かねばならない運命なのだ。そんな悟りが、心の中を渦巻いた。行けば、スタジアムでどんな音楽が使用されているかも、彼らがどんな人間でどんなプレーをするかも、直接チェック出来る。

そして、何よりも、現場へ出向くことで、東南アジア戦略やインバウンド強化のヒントを得られるかもしれない。とにもかくにも、まずは現地に行ってみよう。きっと、何かが待ち受けているはずだ。

そんなこんなで、導かれるようにして、インドネシアサッカー旅を決意したのであった。

いざ、インドネシアへ。

年明け間もない、2016年1月13日に、僕はモッシとキコが所属するアレマ・クロノスのホームタウン、マランへと旅立つプランを立てた。

マランは、インドネシア第2の都市スラバヤから、約90キロ南下した場所に位置する、人口80万人の都市。アクセスは、まず飛行機でスラバヤまで行き、バスか鉄道で約2時間の、陸路移動を要する。

ちょうどこの時期に、インドネシアではカップ戦のトーナメントが行われていて、1月17日に、アレマはホームでミトラ・クーカルと準決勝の第2戦を戦うとのことだった。

インドネシアデー。祖国のスーパースターからサインをもらい、興奮冷めやらぬ表情のインドネシアの青年たち

第1戦は、敵地で1－2と落としている為、決勝進出のためには2点差以上で勝たなければいけない大一番である。

モッシも、「ぜひ、この試合に来てほしい」と熱望していた。

渡航にあたり、僕は色々と考えを巡らせた。〝インドネシアデー〟での一件を挽回したいと思ったのだ。あの時はインドネシア人に来て頂く待ち姿勢であり、イルファン選手がベンチ外という想定外の事態もあった。しかし、今度はこちらがインドネシアにお伺いする番だ。自分のアクション次第で、いかような展開にも持ち込める。となれば、何か〝イルファンネタ〟で、アタックあるのみだ。

それによって、僕自身、聖地ラストでは不本意な結果となってしまった、インドネシア人とのふれあいが、今度こそ叶うはずだ。

そのためには、イルファングッズが必須だろう。とは言え、イルファン選手が甲府を退団して約1年が経つ。すでに彼はコンサドーレ札幌の所属だ。

果たして、イルファングッズなるものが、まだヴァンフォーレに存在するのだろうか？一縷の望みをかけて、グッズショップ・ヴァンフォーレプラザ店長の斉藤〝もきち〟和彦氏に問い合わせてみることにした。

斉藤〝もきち〟和彦氏とは、某大手企業の優秀なシステムエンジニアとして勤務していたにもかかわらず、〝ヴァンフォーレ愛〟が過ぎて、何不自由ない生活を捨て、半分程の給与でヴァンフォーレショップの店長に就いた方である。そして、ご自身、ヴァンフォーレグッズのコレクターとしても、界隈では有名である。

すると、これ以上ない答が返ってきた。

「あるよ！　イルファンのレプリカ・ユニフォームが1枚だけ」と。

予想通り、イルファングッズは、すでに捌けてしまっていたらしい。ただ、初のインドネシア人選手ということで、記念として背面にイルファン選手の名の入ったユニを1枚だけ、手元に残しておいたとのことだ。

さすがは、〝もきち〟さん、話が早い！

さっそく、かくかくしかじか、今回のいきさつをお伝えしつつ、譲って頂けないかと相談してみた。すると、「いいよ。きっと、そのほうが、コイツも喜ぶんじゃないかな」と、粋な返しで快諾を頂いた。

そして、おのずと企画が決まった。

たくさんのインドネシア人と仲良くなり、その人達からイルファン・ユニにサインをもらおう。サッカーを通じた、日本とインドネシアの友好の証を作ってこよう。国立でのモヤモヤ感を晴らすには、〝イルファンにはイルファンを、サイン会にはサイン会を〟大作戦だと。

すぐさまヴァンフォーレプラザへ車を走らせた。会うなり、「相変わらず、おかしなコト、やってるね。『あるある』本の第2弾かい？」と聞かれたので、「いや、ただインドネシアが呼んでいるんです」と答えると、ポカンとした表情をされてしまう。

「お金はいらないから、他のグッズを買ってってよ」というので、お土産としてモッシとキコへ、ヴァンフォーレグッズを買っていくことにした。

〝もきち〟さんに、その旨を伝えると、「スペイン人には、コレでしょ！」と、ヴァンフォーレ甲府と金精軒のコラボ新商品、表面ヴァンくん&裏面フォーレちゃんの顔がデザインされたパッケージの、ヴァンフォーレ寒天信玄餅を薦められた。

「パエリアの国のヤツらが、寒天信玄餅、食べますかね？」と聞くと、「そこがミソなんだよ！」と、和の食材で返されてしまう……。

若干、半信半疑ではあったが、他にキットカット抹茶味も用意していたので、彼らに地元銘菓を食してもらうのも悪くない試みだと思い、〝もきち〟さんのご提案通り、「ヴァンフォーレ寒天信玄餅」を買うことにした。

そんなこんなで、2016年1月13日。

成田発台北&シンガポール経由、スラバヤ着の便で、インドネシアへと発つこととなったのだ。

が、いきなり成田で予定が崩れてしまう。右エンジンにトラブルがあるらしく、フライト時間を過ぎても一向に飛ぶ気配がない。結局、「これからエンジン交換を行い、安全確認後、離陸を試みます」とアナウンスが入った。

あいにく、サービス精神旺盛な松山千春《まつやまちはる》[a]も同乗してなさそうなので、CAさんから頂いたイヤホンで、

a 松山千春●北海道は足寄が誇る大御所フォークシンガー。たまたま乗り合わせていた飛行機が1時間以上遅延し、機内放送で代表曲の『大空と大地の中で』の1フレーズを熱唱。苛立っていた機内は拍手喝采で和やかな雰囲気となった。コワモテ&オラオラなイメージを覆す、心温まる素敵なエピソードであった。

〝台湾の**香田晋**《こうだしん》[a]〟的なビジュアルの余天龍という歌手の、**冠二郎**《かんむりじろう》[b]的なサウンドの「好漢英雄」というアルバムを聴くことにした。

軽やかにしてエネルギッシュ、かつ滑舌が良い〝台湾の**天龍**《てんりゅう》[c]〟の歌声に、すっかり熱気に満ち溢れる夜市を彷徨っている気分に浸ることが出来た。そして、アルバムも好評につき2周目に突入。

「いい加減、飛ばないとグーパンチを繰り出すぞ」と、源一郎《げんいちろう》な自分が顔を覗かせ始めた1時間半後、やっと成田を離陸することが出来たのであった。

あたかも、これから始まる珍道中の幕開けを予感させるかのように。

a 香田晋●1985年にカラオケ大会で作曲家・船村徹氏にスカウトされ、第31回レコード大賞新人賞も獲得したことのある実力派演歌歌手。またエバラ食品工業「唐揚げの素」のCMでの♪モミモミ〜や、バラエティ番組『クイズ！ヘキサゴンⅡ』（フジテレビ系）で珍解答を連発するおバカタレントとして、お茶の間の人気を博した。現在は、芸能界を引退し、福岡で飲食店を経営しているとのこと。

b 冠二郎●大ヒット曲『炎』での「アイ・アイ・アイ・ライク・演歌」という英語を織り交ぜた斬新な歌詞から「ネオ演歌」とも、ブルース・リーの影響を受けたらしい派手な動きで歌う姿から「アクション演歌」とも呼ばれる新たなスタイルを確立した演歌歌手。熱狂的なファンのことを〝カンムラー〟と呼ぶ。また、5歳のサバ読みが発覚した翌年の72歳の時、31歳年下の女性と結婚し、世間をざわつかせた。

c 天龍源一郎●26歳の時に力士からプロレスラーに転向して以降、65歳までプロレス界の第一線で戦い続けた〝生ける伝説〟。元タッグパートナーのジャンボ鶴田とのシングルマッチ〝鶴龍対決〟は、名勝負としてプロレス史に燦然と輝く。得意技は、パワーボム、逆水平チョップ、DDT、グーパンチ等、多数。引退後は、持ち前の滑舌の悪さを活かし、バラエティやCM等に引っ張りだこ。

第4節

イルファン・ユニ、凱旋

深夜1時半。

成田での遅れから、さらに同じ理由で台北でも出発時間が2時間以上遅れ、やっとのことで、インドネシア・スラバヤのジュアンダ国際空港に到着。グーパンチどころか「グーの音」も出ないほどにヘロヘロであった。

バゲージコーナーで、この旅用に購入した〝青いボディにジッパー部分が赤い〟ヴァンフォーレカラーのスーツケースをピックアップし、いざ税関へ。

初めてのインドネシア入国が目前であった。しかし、ここでも予期せぬ問題が発生する。税関での形式的なやりとりを行った際のこと。

「旅の目的は?」

「観光です」

「滞在は何日間?」

「5日間です」

あとは、パスポートに入国スタンプを押してもらうだけのはずである。しかし、担当税関職員が、怪訝《いぶかし》そうな顔を浮かべ、どこかに連絡している。

そして、「ちょっとここで待ちなさい」と。すると数分後、やって来た渡辺直美フォルムの女性税関職員に別室へと連行された。

まったくもって、意味が分からなかった。日本人にしては彫りが深く、少し中南米系にも中東系にも見えなくもない顔立ち故、偽造パスポートを使って、何かしらを運んでいる生業の人間に思われたのか?

はたまた、アルカイーダ的なヤツっぽいと目を付けられてしまったのか。

いやいや、冗談じゃない。こう見えて僕は、裏表のない、品行方正でお人好しな甲州人だ。嘘も曲がったことも大嫌いだ。免許証だってゴールドだ。一体、何だと言うんだ。

こちらは、ただでさえ4時間遅れの到着でヘロヘロな上に、機内で〝台湾卑酒《ビール》〟を調子よく飲んでしまい、すでに少し頭痛を催している状態だ。ただただ、友達に会いに来ただけなのに。早く入国させてほしい。

そんなモヤモヤが、しばらくして判明する。渡辺直美から遅れて、〝インドネシアのボクシング界の英雄〟クリス・ジョンを彷彿とさせる、丸刈り鬼剃りな職員がやって来た。開口一番、「何をしにスラバヤにやって来たんだ？ 観光？ ここには5日間も観光する場所なんか無い。お前さんは仕事で来たんだろ？ さぁ、だったらアライバルビザ30ドルを払ってもらおうじゃねぇか」と、拙い英語でまくし立てている。なんなんだ、**ジョー小《こ》泉《いずみ》**[a]もぶったまげなゴング早々の連打の追い込みは？ あまりに頭ごなしで勝手な解釈のブルファイトに、一瞬カッとなった。しかし、相手は元世界フェザー級チャンピオンに似た鬼剃りの男である。

気を取り直し、戦況を読んだ。

今の自分のコンディションを考えたら、打ち合いは避けた方が賢明だろう。ガードを固めつつ、相手

a ジョー小泉● 1947年、神戸市出身のボクシング評論家、マッチメーカー。WOWOW『エキサイトマッチ』では、その豊富なキャリアに基づくグローバルな見識と科学的な分析による知識を駆使したボクシング解説で人気。また大のダジャレ好きで、番組の締めには、その日の試合に絡めたダジャレを言い放ち、熱戦の余韻残るスタジオを一気に冷却させる。2008年、日本人では2人目の世界ボクシング殿堂入りを果たした。本名、小山義弘。

の打ち終わりに効果的なカウンターを合わせて勝機を見出すしかない。きっと浜田剛史《はまだつよし》[a]も同じ見解のはずだ。彼の言葉の連打が終わった瞬間、冷静にこう切り返した。

「観光もします。でも一番の目的は、サッカー選手の友達に会うことです」

相手の打つ手が止まった……。

今がチャンスとばかりに、スマホからモッシとキコの写真を見せた。

「友達がアレマに所属していて、17日に試合があります。その試合を応援するのが目的なんです」と。

すると、クリスの口元が少し緩み、「オー、アレマ」と呟いた。そして、先ほどまでの高圧的な態度がウソのように、マイルドな物腰になった。よし、カウンターパンチが効いたようだ。

相手が前に出てくれば出てくるほど、カウンターパンチが効く。ゲスト解説の香川照之《かがわてるゆき》[b]が、毎度、興奮気味に教えてくれる鉄則だ。好戦的な男が、後ずさりを始めた。

形勢逆転！　ここは、ロープに追い込んで、一気にラッシュをかけよう。

すぐさまリュックからヴァンフォーレ時代のイルファン・ユニを取り出して、言い放った。

「僕たちのクラブに、イルファン選手がいたんです。このユニフォームで、いっぱいインドネシアの人達と友達になって、その人たちから、これにサインをしてもらいたいんだ」

クリスが、笑みを浮かべ叫んだ。

「オー、イルファン・バフディム！　グレイト！！」

すると、セコンド役にまわっていたインドネシアの和製ビヨンセが、笑いながらタオルを投入した。

「分かったわ。スタンプを押しに行きましょう」

インドネシアの英雄に、ＴＫＯ勝ちした瞬間であった。拳を交えると友情が芽生えるというのは、万国共通であるようだ。僕たちは握手をして、笑顔でお互いの健闘を称えあった。

そして、敗者は耳元で囁いた。

「インドネシアを楽しめ。今度、スラバヤに来る時は、ブロモ山にハイキングに来たとでも申告しろ。そのほうが間違いない」

そんなこんなで、ようやく、税関をパスし、インドネシアに入国出来たのであった。そしてタクシーで宿まで向かい、長い長い1日が終了した。

翌日、午前９時、スラバヤ市街。

すでに温度計は、35度を指していた。

熱帯特有の高温多湿のまとわりつくような暑さで、真冬の日本からやって来た人間にとっては、クラクラするような気候であった。この日は、モッシとキコが所属するアレマ・クロノスのホームタウン、

a 浜田剛史●１９６０年沖縄県出身の元ＷＢＣスーパーライト級チャンピオン。現役時代は強打で鳴らし、15連続ＫＯの日本記録を保持している。現在は、帝拳プロモーションの代表として、西岡利晃、山中慎介、村田諒太ら多くの世界チャンピオンを輩出している。また、レギュラー出演しているＷＯＷＯＷ『エキサイトマッチ』では、冷静かつ的確な解説に定評がある。なお、ジョー小泉がダジャレを放った際は、ほぼほぼ憮然とした表情を浮かべている。

b 香川照之●１９６５年、二代目市川猿翁と女優・浜木綿子《はまゆうこ》の長男として生を受ける。そのアクとクセの強い演技で、日本の映画・ドラマに欠かせない名バイプレーヤー。２０１２年に九代目市川中車を襲名し、歌舞伎役者としても活躍。大のボクシング好きで知られ、世界戦などビッグマッチでは、ゲスト解説者として的確で激アツなコメントの連打を浴びせる。子供たちの間では、昆虫大好きな面白いオジさんとしてお馴染み。

マランに行く予定である。

当初は、夕方のバスでの出発を考えていたが、スラバヤはビジネス街で、あまり見所がなかった為、少しだけ散策したのち、ホテルに近い鉄道駅から列車で向かうことにした。

インドネシアで、最も人気があり熱狂的でヤバいサポーターが多いと言われる、アレマ・クロノス。男性サポーターのことを〝アレマニア〟、女性サポーターのことを〝アレマニタ〟と呼ぶのだと、昨夜、空港から宿まで送ってくれたタクシーのオジさんが教えてくれた。一刻も早く、地元の〝アレマニア〟〝アレマニタ〟と出会いたい。そんな思いもまた、予定を前倒しさせた。


午前11時20分。

宿をチェックアウトし、スラバヤグブン駅へ。気温は40度に達し、5分ほど歩いただけで滝のような汗が流れていた。駅の構内には、地方からやって来たと思しき、多くの行商のおじちゃんやおばちゃんが、屈託のない笑みで会話しながら、列車を待っている。なんとなく、古き良き、人情味溢れる昭和の日本を思い出させた。

券売所でマラン行きのチケットを12000ルピア（約100円）で購入し、混み合ったプラットホームで待つことに。そこへ、青赤のヴァンフォーレカラーな、古びた列車がやってきた。押し合いへし合いしながら、その列車に乗り込み、券面に書かれた1号車11Aに行ってみると、対面式4人乗りの席には、すでに3人の青年が座っていた。

しかし、スーツケースの置き場に困って右往左往していると、座っていた青年たちが声を掛けて来た。

「スーツケースは、座席の隅に置いて大丈夫だよ。僕達は全然問題無いよ」と。「テレマカシ《ありがとう》」と告げ、彼らの優しさに甘えることにした。すると、僕のスーツケースのせいで、文字通り膝を突き合わせた状態となり、自然と自己紹介が行われたのだった。

窓側席の僕の隣は、グネイス。スラバヤの大学に通う19歳。将来は、外科医を目指している医大生。普段は、スラバヤの学生寮に住んでいるが、2日間ほど学校が休みになるため、実家のあるマランへ帰るそうだ。AKBと「ワンピース」が大好きで、カバンのネームプレートに自分のニックネームを〝もん〟とひらがなで書き入れていた。将来は日本への留学も視野に入れているらしい。そんな、小柄でクリクリした目と愛くるしい笑顔が印象的な、英語も堪能な好青年だった。

向かいの席の2人組は、ドニーとエルネスト。小学校時代からの幼馴染みの23歳。将来は、2人で飲食店の経営を目指していて、サラサラヘアのドニーはドーナツ屋で、坊主頭のエルネストはカフェでアルバイトをしているそうだ。昨晩、スラバヤで友人たちと夜遊びをして、夕方の仕事に間に合うようにマランに帰るところであった。彼らは、高校の第2外国語で日本語を少しだけ学んでいたり、YouTubeで「NARUTO《ナルト》」を毎日のように観ているそうで、カタコトの日本語が話せた。来年あたりに、秋葉原のメイドカフェに行こうと、2人で画策しているとのことだ。

偶然か必然か、1号車11シートには、日本行きを切望している3人のインドネシア人と、インドネシアに導かれるようにやって来た1人の日本人が集うこととなった。そんな僕たちは、初対面とは思えないほどに、会話が弾んだ。

まず僕は彼らに、今回、アレマのモッシとキコに会ったり、試合観戦するために、マランに行く旨を伝えた。すると3人は、感嘆の表情を浮かべ、モッシとキコは期待の新戦力で、みんな大好きな選手だと、興奮気味に教えてくれた。彼らも生粋のアレマニアだそうだ。

そんな現地の人たちの言葉を聞くと、モッシとキコの想いや背景を誰よりも知っているだけに、本当に嬉しく、早く彼らに会って、この話を伝えたいと胸が熱くなる。

僕は、そんな彼らにヴァンフォーレ・イルファン・ユニの、サイン第1号をお願いしたいと思い、リュックからユニフォームを取り出した。彼らは、「イルファン・バフディム!」と叫んだ。

隣の席の青年たちも、こちらの様子を満面の笑みでうかがっている。やはり、イルファン選手のツイッターのフォロワー数420万人は、ダテではないようだ。

そして、3人とも背番号近くに一筆入れてくれた。グネイスは、ひらがなで〝ももんくん〟と書いた。この瞬間、僕の中で、国立での〝インドネシアデー〟の為に、日夜、インドネシアの楽曲を探し続けていた日々が、少し報われたような気がした。

と同時に、あの日は、やっぱり嘘でもイルファン選手をベンチに入れておいてほしかったよなと、当時の指揮官のえび反りガッツポーズが頭をよぎる……。

その後も僕たちは、水牛のいる緑豊かな田園風景を走る列車の中で、肩を寄せ合いながら、2時間程の道中、色んな会話をし友情を深めていった。

彼らには、彼らの名前のカタカナ表記や、エルネストがどうしても分からないという〝さん、様、殿〟の敬称の違いや、日本での観光名所、僕の生まれ故郷のことなんかを教えてあげたりした。

僕は、マランのオススメの名所やカフェやレストランなんかを、聞いたりした。

そんな中、髪の毛がボサボサだった僕が、秘かに温めていたマラン企画を、彼らに披露することにした。

「インドネシアでイケてる人の髪型にしたい。ついては、誰の髪型が良いか？　そして、それを可能にするマランでオススメの美容室を教えてほしい」と。

彼らは、しばし協議に入った。あーでもない、こーでもないと、色んなインドネシアの有名人の名前が飛び交っているようだ。そして、待つこと数分。結論が出たようだった。

「アフガンをオススメする」と。

以前、イスタンブールの安宿で出会った、〝もの言う株主〟**村上ファンドの人**[a]にルックスがよく似た、アフガニスタン人の青年の顔が思い浮かんだ。

が、その〝アフガン〟ではなかった。すかさず、グネイスが、YouTubeで見せてくれた。切ないスローなバラードを、少しかすれた甘い美声で叙情的かつダイナミックに歌いあげている、サイドをがっつり刈り上げ、やや長めのトップをツンツンと立たせたメガネ姿の男。

インドネシアデーの記憶が、おぼろげながら蘇ってきた。確か、曲調が合わず、最初のほうに却下したヤツだ。思わぬ再会に、少し心も弾み、3人の提案を受け入れることにした。

「異議なし！　アフガンにしてみるよ！」と。

次に、「オススメな美容室は？」と尋ねてみる。

a　村上ファンドの人●元通商産業官僚の村上世彰《むらかみよしあき》氏のこと。1999年、村上ファンドを創立。豊富な資金力で大量の株を購入し、経営陣に対し改革を迫る姿から「もの言う株主」として、多くの企業をビビらせた。2006年、インサイダー取引容疑で逮捕。その後、シンガポールに移る。高校時代、せんだみつおの弟子になるのが夢で、「せんだの人生には偽りがない」と文集に想いを記す。

すると、3人とも声を揃え、「ジョナサン！」と答えた。

「ジョナサンで、アフガンを」

それが、彼らが導き出した答えのようだ。

続けて、ドニーとエルネストが、ジョナサンについて説明してくれた。マランのオシャレな人たちや有名人御用達の美容室で、大きなショッピングモール内にある、マラン市民、憧れのお店であると。

しかし、そういうお店だけあり、カットだけでも3000円くらいかかっちゃうと。インドネシアの物価からすれば、東京の青山辺りでカリスマ美容師に1万円くらいで髪を切ってもらう感覚だ。

さすがに、ちょっとした思い付きの企画にしては、値段とリスクが高過ぎる。こちらとしては、何でも、ハイクオリティーな「アフガン」になりたいという訳でもない。そこで「ジョナサンは高過ぎるから、他にオススメの美容室はないの？」と、第二候補を問うてみた。すると、「路上のオジさんだと、200円くらいで髪を切ってもらえるよ。中々、腕も良いよ」と、グネイスが曇りのない表情で回答した。

「いやいやいや、ジョナサンとオジさんの中間は無いのかい？」とジェスチャーを交えながら突っ込むと、「知らないです」とのことだ。

結局、髪型はアフガンで、美容室は現地で情報収集という感じに落ち着いた。そんなこんなで、あっという間に2時間が経ち、マラン駅に到着したのだった。僕たちは、このご縁を長いお付き合いにすべく、フェイスブックで友達になって、これからも連絡を取り合いましょうと約束し、それぞれの道へと歩を進めたのであった。

第5節

〝プロフェッショナル〟モッシ & 〝クレイジー〟キコ

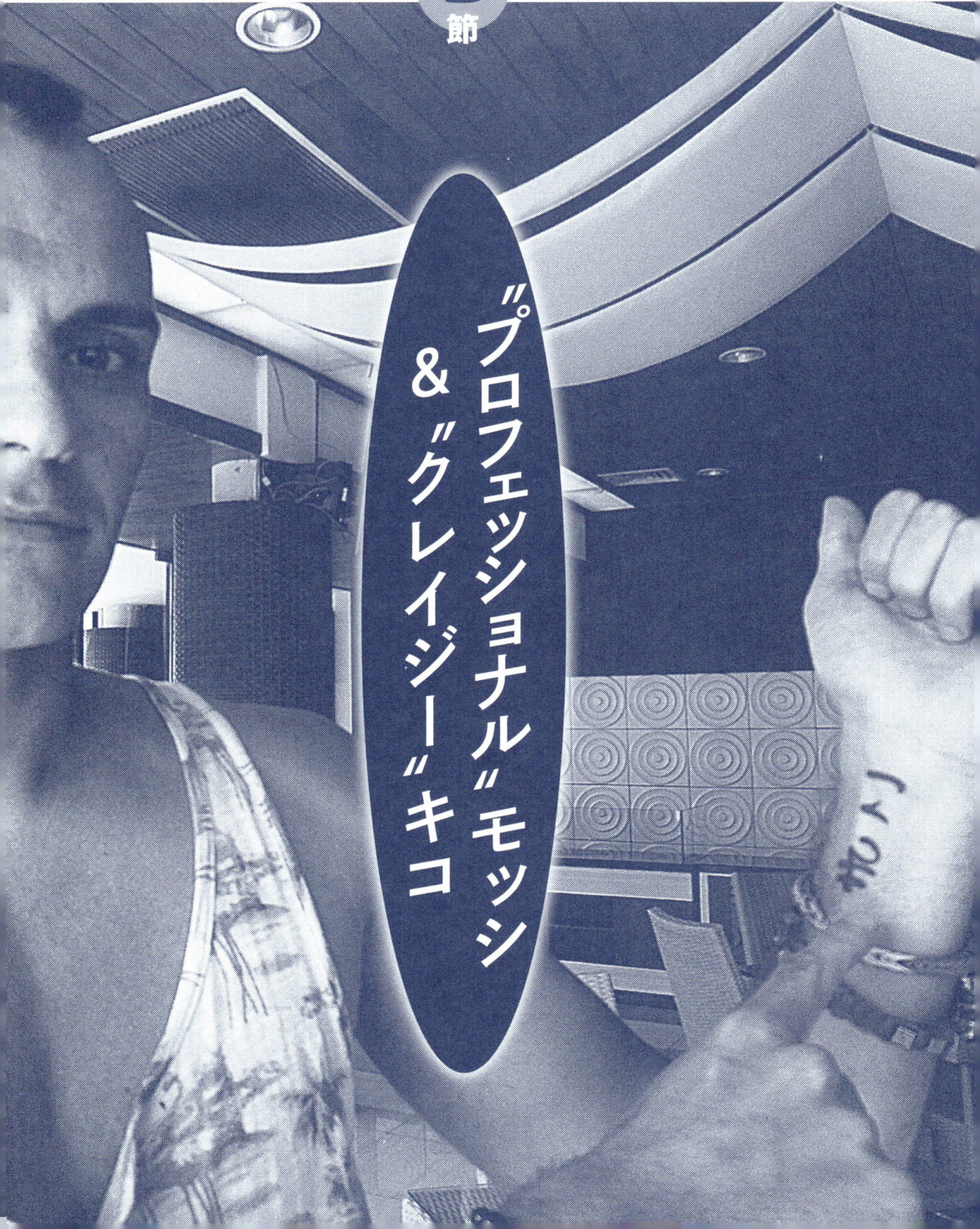

マラン2日目、灼熱の午後1時。

僕は、安宿で借りた、前輪ブレーキの効かないオンボロ自転車に乗って、溢れんばかりの車やスクーターで無法地帯と化した道路を疾走していた。

モッシとキコが住む、クラブオーナー所有の4ツ星ホテルに向かうために。

はじめのうちは、このカオスなロードに飛び込んでいくのに、かなりの勇気を要した。しかし、慣れてくると、スペースの奪い合いの駆け引きが刺激的で楽しく感じていた。その一方、下り坂は危険極まりないものとなった。まったくブレーキが効かないのである。必死の足ブレーキで、間一髪、前方との衝突を回避する場面もあった。

その度に、僕は、大学時代のハンドボール部の後輩・ナゴシ君の事を思い出したのだ。

彼は茨城の名門高校からスポーツ推薦で入学した選手であったが、かなりな天然キャラで、僕たちを楽しませてくれた。

そんな彼が、ある時、デスマッチを終えたばかりような、傷跡満載な体で練習にやってきた。話によると、丘の上にあるスーパーで買い物を済ませ、自転車で細い坂道を下っていたところ、向かいから2トントラックが登ってきたそうだ。そこで、一旦停止するためブレーキを強くかけた瞬間、なんと、両ブレーキのワイヤーが、ポーンと外れてしまったのだった。

加速する自転車。迫り来るトラック。しかも急な下り坂。そして、彼は3択を迫られた。

①このまま真っ直ぐトラックに体当たりする

②ガードレールの無い崖のある右へハンドルを切る

③有刺鉄線の金網のある左へハンドルを切る

死ぬ可能性が低いのは、どれか？　そして、彼は③を選択したのであった。

「マキロンを買うだけで助かりましたよ」

彼は練習場で、僕たちにエヘへと笑っていた。それ以来、僕たちはナゴシ君とカラオケに行くと、必ず、ゆずの「夏色」を歌ってあげることにした。

♪この長い長い下り坂を　君を自転車の後ろに乗せて
ブレーキいっぱい握りしめて　ゆっくりゆっくり下ってく

当時の青春真っ盛りな思い出を回想しながら自転車を走らせること20分。モッシとキコの住む、イジエン・スイート・ホテルが見えてきた。フェイスブックで知り合ってから1年と10カ月。いよいよ彼らと初対面の瞬間が迫っていた。

しかし、はやる気持ちとは裏腹に、思わぬ障壁が立ちはだかる。ホテルの前に到着し、自転車置き場を探していると、**車だん吉**[a]にしか見えない守衛がやって来た。

「ここで何をしている？　ウチには自転車置き場はないから出て行きなさい」

a 車だん吉●1943年、東京都江東区生まれ。本名、白沢力。1976年から始まった『お笑いマンガ道場』（日本テレビ系）では、プロ顔負けの漫画を披露し人気を博す。また『ぶらり途中下車の旅』（同）の常連レポーターだった頃には、〝ミスターぶらり旅〟と呼ばれていた。現在、NHK教育テレビ『ピタゴラスイッチ』で百科おじさんの声を担当。スリーサイズは、B105センチW92センチH108センチ。

空港のクリス・ジョンを越える高圧的な口調と態度。強い目力から繰り出される鋭い眼光。ふと、若い頃、雑誌BUBKA《ブブカ》か何かで読んだ〝車だん吉、芸能界最強説〟が頭をよぎった。

気を引き締めねばと、心に誓う。

「アレマのモッシとキコの住んでいるホテルは、こちらで間違いないですか？　僕は彼らと友達で、日本からやって来ました。これからロビーで会う予定になっています」

彼らの住まいなので、こちらは丁寧な口調と低い物腰を心掛けた。すると、「お客様の個人情報は教えられない。いいから、ここから出て行きなさい」と、最強説を裏付けるかのような、さらに強い口調で恫喝されてしまったのだった。

まぁ、無理もない。汗まみれなTシャツ&短パン&サンダル姿に、くたびれたリュックを背負い、オンボロ自転車に乗ってやって来た日本人中年男が、４ツ星ホテルで地元の有名サッカー選手の友達と名乗り、彼らの住まいは此処か？　と尋ねているのだから。

だん吉の気持ちは十二分に理解した。僕が逆の立場でも、そう易々とロビーに案内はしないだろう。その男が、かつて人気番組で苦楽を共にした**野口五郎**[a]ならまだしも……。

じつは、**川島なお美**[b]の大学の後輩です、なんていうアピールも言わずもがなである。そして、この時ばかりは、彼らの面目も配慮して、小綺麗な格好でタクシーでやって来るべきだったと、少し後悔した。

ただ、ここまでやって来たのだから、後悔しても何も始まらない。とにかく、この状況を打破しなければ、門前払いをくらってしまう。

一度、深呼吸をして落ち着いてから、携帯を取り出し、ロビー待ち合わせの約束をしたモッシとのやり取りを、その職務に厳格なだん吉に見せた。「ほら、ホントでしょ!」とニコッと笑いながら。すると、やっと、だん吉も微笑んだ。

「分かった。これから、フロントにミスター・トニ・モッシへ連絡してもらうから。ちょっとここで待ってなさい」と。

そして、数分後、フロントのスタッフがやって来て、「ミスター・トニ・モッシが来ますから、ロビーでお待ちください」という運びとなった。

「自転車は、どうすれば良いですか?」と聞くと、「守衛室で預かるよ一番安全な場所だろ? ジャパニーズ・アレマニア!」と、だん吉が茶目っ気たっぷりな表情で提案。

僕も満面の笑みで、「テレマカシ(ありがとう)、ミスター・アレマニア!」と返す。一連のだん吉のツンデレな言動と、いよいよモッシとキコに会えるぞ! という思いから、心は弾むばかりであった。

ホテルのロビーは大人のアジアンリゾートといった落ち着いた佇まいに、ジャジーなBGMが流れていて、1年10カ月越しの初対面を前に最高潮になっている胸の高鳴りを、いくらばかりか鎮めてくれるようだった。

a 野口五郎●西城秀樹、郷ひろみと共に、新御三家として70年代を席巻したアイドル歌手。抜群の歌唱力で多くの音楽賞を受賞。代表曲に『私鉄沿線』『針葉樹』など。人気番組『カックラキン大放送!!』(日本テレビ系)では、刑事ゴロンボとして活躍し、いつしかダジャレが大好きな人というイメージが定着した。2001年には、タレントでサッカー3級審判員免許を持つ三井ゆりと結婚。

b 川島なお美●青学大卒の元祖女子大生タレント。『お笑いマンガ道場』(日本テレビ系)3代目女性レギュラー。以降、女優としても活躍。TVドラマ『失楽園』(日本テレビ系)での古谷一行との濃厚な濡れ場は大きな話題に。一方で、名言「私の体はワインで出来ている」や愛犬シナモンへの溺愛ぶり、夫・鎧塚《よろいづか》氏とのおのろけエピソード等、ワイドショーに多くの話題を提供し、お茶の間を賑やかした。2015年、54歳の若さで惜しまれつつ他界。

待つこと5分。VANSの大きなロゴが入ったTシャツ姿のモッシが、笑みを浮かべながらやって来た。僕も、ソファから立ち上がり、笑顔で彼の方へと歩み寄る。モッシは、両手を広げ、ようこそと言うジェスチャーをしながらハグを求めてきたが、汗まみれな僕は、自分のTシャツを指差し、丁重にお断りして握手を求め返した。

彼は、プロフィール上での身長は178センチのはずだが、どうやら、実際には176センチの僕よりも数センチは小さいようだ。まぁ、そんな身も蓋もないサバの話はさて置き、サラエボでのケモがきっかけで、アイスランドで知り合い、インドネシアで初対面を果たしたスペイン人選手との稀有な出会いに、感慨もひとしおであった。

僕たちはカフェ・ラウンジでお茶をすることにして、キコを待った。

席に着くなり、「何飲みたい？ 食事はした？ 好きな物を頼んでよ！」と、モッシが聞いてきた。

ここは、前述の通り、クラブのオーナーが所有するホテルで、外国人選手たちには住まいと食事の無償提供が契約に盛り込まれており、このラウンジも無料で飲み放題&食べ放題なのだそうだ。

選手ではない僕まで、それに乗っかって良いものかと一瞬迷ったが、灼熱のマランの街を自転車でやって来た疲労感と、やっと会えた喜びと達成感で、午後2時ではあったが、インドネシア定番のビンタンビールを頂戴することにした。

フェイスブックでよく酒場の写真をアップしていたせいか、「イメージに違わぬ呑んだくれのようだね！」と、モッシが笑う。モッシはペリエを頼んだので、「さすが、サッカー選手みたいだね！」と、言い返し、2人で笑い合いながらハイタッチをした。

そんなやり取りをしていると、青い鶏冠ヘアのイケメンの大男が登場。キコだ。

キコはクールな表情で、ジャイアンツの原監督のようなグータッチを求めてきた。拳と拳がふれあった直後、笑顔が弾けた。

そして、キコの注文したコーラが来るのを待って、みんなで初対面を祝して乾杯。28歳のモッシは、非常に知的な大人の雰囲気を醸し出している一方、26歳のキコは、とってもヤンチャでいかにもお盛んなオーラを放っている。

そんな正反対なキャラクターの2人だというのが、初めて対峙した際の印象であった。そして、その印象は、話しをしていくうちに、より明確になっていく。

まずは、サッカー観である。

モッシは、ショートパスを駆使した〝ティキタカ〟と呼ばれるバルサスタイルの信者で、イニエスタが一番のお気に入りとのことだ。

「イニエスタのプレーは、毎日、欠かさず観ているよ。アイスランドでも、お前はイニエスタのようだって、よく言われてたよ」と誇らしげだった。

一方のキコは、シメオネが築き上げたアトレチコ・マドリーのソリッドで縦に速いサッカースタイルの信者で、ジダンの頭突きを誘発させた元イタリア代表のマテラッツィがクレイジーで大好きなようだ。

「マテラッツィのヤバさはハンパないだろ。オレも、彼みたいに、どんな相手FWをも怯え上がらせたいんだ」とギラついた表情を浮かばせた。

そんなお互いのポジションやスタイルがそうさせているのか、コミュニケーション姿も、対照的だった。

モッシは、会話の最中も、常に黒目が動いていて、逐一、全体の状況を把握しようとしていた。それは、中盤に君臨するプレーメーカーとして戦況を見つめるクセが、日常においても染み付いているかのように見受けられた。きっと、ボールを持っていない時でも、常に首を振って周りを見渡し、2つ3つ先のプレーまで予測しているんだろうなと、彼のピッチ上での姿が目に浮かんだ。

一方のキコは、会話の最中は、必ず強い眼差しで、相手の目をじっと見つめようとしていた。それは、対人に強いディフェンダーとして相手FWを封じ込めてやるといった真っ直ぐなメンタリティの表れのように感じた。マテラッツィ的なクレイジーさも加味すると、ピッチ上でかなりの恐怖感を与えていることは、想像に難くなかった。

彼らの目標も、似て非なるものだった。

モッシは、まずはインドネシアで結果を残し、他のアジア諸国でプレーしたいとのことだ。「出来れば、大好きな日本に行きたいんだ。スタートはサラリーもカテゴリーも関係ない。もし行ければ、自分のプレーでステップアップしてみせるさ」と、思いの丈を語ってくれた。

一方のキコは、インドネシア国籍を取得し、インドネシア代表入りを目論んでいるらしい。「活躍すれば、国籍は簡単に取得出来ると聞いている。そうすれば、日本にも他のアジアの国にも移籍しやすくなるだろ。そのためには、まずはインドネシアで人気者になることさ」とニンマリした表情で語った。

思わず、キコに、クレイジーじゃない怖さを感じてしまう。

2人の夜の遊びもまた、まったくもって違っていた。

まずは、キコ。夜な夜な、お気に入りの〝My Place〟というクラブに繰り出しては、そこで仲良くなった女のコと一夜のアバンチュールを楽しんでいるというイメージに違わぬプレイボーイぶりなのに対し、モッシはというと、電話1本で自室に女のコがやって来て、ベッドの上で奉仕をしてくれるシステムを利用しているとのことだ。

そして、そんなモッシには、頑なに守り続けている流儀があるという。

〝チェンジは、絶対にしない〟

それは、偶然の出会いを楽しむためだそうだ。加えて、プロとしての彼女のプライドを傷つけたくないからでもあるそうだ。

〝一期一会〟と〝思いやり〟。その話を聞いて、僕は彼から、和の心を感じた。そして、思った。ひょっとしたら、日本でも活躍出来るかもしれないと。上手い選手やスゴい選手は、有名無名、プロアマ問わず、世界には山ほど存在するだろう。しかし、活躍出来るか否かは、サッカー的な能力やスタイルも然ることながら、その国や地域の風土や文化と本人のパーソナリティとがマッチしているかどうか、または、そこに馴染んでいこうとする努力が出来るかどうかも、非常に重要な要素であると思う。

そういった意味では、モッシには、すんなりと順応出来るモノを持ち合わせている可能性が高いのではと、勝手に期待を寄せたのだ。

そんな、まったく対照的なバレンシアの幼馴染の2人が、今ハマっているコトと言えば、目の前を通り過ぎていく女性を見て、〝ボニータ《かわいい》〟か〝ノーボニータ《かわいくない》〟かを、瞬時に言い合うという、今時の中二でもやらないような遊びであった。

その時、僕は2人の意見が分かれた際に最終ジャッジを下す、審判長のような役割を仰せつかった。
じつに、シンプルでくだらない、そして、失礼極まりない遊びである。

でも、とっても楽しかった。きまって、キコは、お色気全開で派手な顔立ちのいかにもな女性が〝ボニータ〟なのに対し、モッシは、奥ゆかしく、しっとりとした女性が〝ボニータ〟だった。どうやら、僕とモッシは、タイプの女性が似ているようだ。図らずも、ボニータかノーボニータか、2人の意見が分かれた際は、必ずと言って良いほど、僕はモッシの肩を持つこととなった。

その度に、キコは、「お前ら、八百長だ！」と、笑いながら叫ぶのだった。バレンシアの男どもも、どうしょうもないくらい、サッカーと与太話が大好きであるようだ。

その場は大いに盛り上がり、気付いたら、ビンタンビールを3本も空けてしまっていた。まだ午後4時だというのに。

そんな宴たけなわな中、キコに来客があった。

デザイナーのアシャリと、作家の**佐藤優**《さとうまさる》[a]からアクを抜いた感じのプロデューサーだった。

キコがプロデュースのTシャツを販売するそうで、出来上がったサンプルのチェックを行うとのことだ。僕とモッシも、その打ち合わせに参加させてもらうことにした。

彼らが持って来た白いTシャツには、表面にはキコの**針すなお**[b]テイストなイラストが全面に配されていて、裏面には〝ＫＩＫＯ30〟と表した少しかすれ気味なロックっぽいロゴが襟元にレイアウトされていた。

それを見たキコは、全体的には気に入った様子ではあったが、イラストのサイズとロゴの位置を少し調整してほしいと、アシャリにオーダーを出しているようだ。針すなおよろしく〝そうそう10点は出さないよ〟といったところか。

続いて、大筋、デザインのゴールが見えたところで、佐藤Pは販路と利益配分に関して、キコに提案し出した。アレマのオフィシャルショップとネットワークのあるマランの衣料品店に加え、オンラインショップでも販売します。そして、「分け前はフィフティ、フィフティどうか」とのことだ。なんとも生々しくも、シンプルな提案である。キコも、満足そうにその話に頷いていた。

どうやら、ミーティングも順調に終了したようだ。アシャリと佐藤Pは、安堵した表情で帰っていった。モッシが「キコは、優秀なビジネスマンなのさ」と称えると、キコは「ブランディングが一番」と、ドヤ顔で胸を張った。

僕は思わず、「いやいやいや、プレーが一番大事だろ」と、心の中で突っ込んだ。

2日後の試合当日は、全選手とスタッフがこのホテルに集まって、ミーティングと食事をしてから、バスでスタジアムへ向かうという。

a 佐藤優●1960年、東京都出身。元外務省主任分析官のノンフィクション作家。外交官時代から関わりの深いロシア事情を筆頭に、豊富な知識と独自の見識から社会を鋭く斬り、〝知の巨人〟とも〝知の商人〟とも称される。主な著書に『自壊する帝国』『国家の罠—外務省のラスプーチンと呼ばれて—』など。ウォッカを5本飲んでも、二日酔いにならないのが自慢。

b 針すなお●1933年、佐賀県生まれ。朝日新聞の風刺漫画を40年近く続けている。『ものまね王座決定戦』(フジテレビ系)では審査員として左端に座り、ヘッドホンを片耳に当てながら聞くスタイルやあまり10点を出さない手厳しい採点でお馴染み。また自ら編み出した武道の師範という顔もある。

「お前もファミリーなんだからホテルに来い」とお誘いを受け、その日はお開きな感じとなった。しかし、まだお土産を渡していないことに気付く。

「ちょっと待って、日本からお土産を持ってきたよ！」

そう言って、僕は、抹茶味のキットカットとヴァンフォーレ寒天信玄餅を取り出した。すると、キットカットが、熱帯のインドネシアによって、グニャグニャになってしまっていたのだ。

その惨状に、すぐさま、キコがつぶやいた。

「This is Indonesia……」

僕たちは、なぜだか、笑いあいながら、ハイタッチを交わした。

どうやら、インドネシアには、チョコレート系のお土産は適さないようだ。僕にとっては、良い教訓となった。そして最後に、斉藤〝もきち〟和彦店長用に、ヴァンフォーレ寒天信玄餅を持った2人の写真を撮らせてもらい、この場はお開きとなった。

まだ強い日差し残る、午後5時。

守衛室でだん吉にも感謝を告げて自転車をピックアップし、完全なる酔っ払い運転で、ふたたびカオスな路上へとペダルをこぎだした。

第6節
アフガンとカンフーマスター

モッシとキコとの初対面を果たした翌日。

例の自転車でマランの街を散策することに。

とりあえず、列車内で仲良くなったグネイスたちに教えてもらった、市内中心部にある〝マラン最大の名所〟アルンアルンに行ってみることにした。ところが、到着するなり、少し拍子抜けしてしまった。てっきり、何か由緒正しい建造物や英雄の銅像的なものでもあったりする場所だと勝手に想像していたのだが、少しの遊具とありきたりな噴水があるだけの、〝何の変哲もない〟コンパクトな公園だった。

正直、ここの何処が、マラン最大の名所たる所以なのか、皆目、見当がつかなかった。思わず、アルンアルンじゃなくて、なんにもナインナインじゃないかと、オヤジギャグが炸裂してしまう。

しかし、アルンアルンの中に潜入してみて、グネイスたちの言わんとした事が分かった気がした。

そこには、大勢のカップルや家族連れ、友人グループが、噴水を見ながら、思い思いに会話を楽しんでいて、そこかしこに笑い声が溢れているのである。名所というよりは、市民の憩いの場といった風情のようだ。

何は無くとも、なんだか、とってもゆったりとした、幸せな時間が流れているのだった。

それはあたかも、〝大切な人と笑顔さえあれば、世の中それで十分なんだよ〟と、教えてくれているかのようでもあった。しばらく、そんなアルンアルンの光景を眺めていると、突如として、猛烈な寂しさと悔恨の念が、思い出と共に襲ってきたのだった。

じつは、幸せそうなマランの人々とは対照的に、僕の人生は波乱の真っ只中だったのである。

約1カ月前の2015年12月、僕は彼女との婚約と同棲を解消したばかりだった。

本来ならば、僕たちは、出会ってから1年後の、2015年4月に入籍する予定で、家庭を養っていくべく、お誘いを頂いていたCMキャスティング会社に2014年12月に就職。

それまでのフリーでの仕事は、1人で生きていく分には問題無かったが、彼女との将来を考えると、そんな自由気ままな感じでは厳しいと考えた。ヴァンフォーレ甲府やサッカーへの想いも、一度封印し、広告の世界に戻る決意をしたのである。

その時々の感情や情熱に任せ、どこか場当たり的に生きてきた僕の人生の中で、初めて、守るべきものが出来た責任感のようなものが芽生えていた。何より、こんな何者かを一言では表現出来ず、胡散臭いと思われがちな人間を幹部候補という好待遇で採用してくれたことが、本当に嬉しく有難かった。

入社後の3カ月は、研修的な意味合いで、プランナー職に配属されることとなった。営業が取ってきた仕事のCMにはどのキャストが良いかを提案したりオーディションをしたりする為に、候補が居そうな事務所等に掛け合ったりして、キャスティングとは、芸能界とは何ぞやを学びなさいという、会社の方針であった。

そんな折、〝来年97歳になる方と小学生になるお子さんがいる、4世代のリアルな家族を探せ〟という、これから家庭を築いていく男にとって、何ともうってつけな、そして、とってもミッション・インポッシブルな、新聞広告の大型案件を担当することになった。

上からの指令は、「諦めるな。きっと、日本の何処かにいるはずだ」。代案も通用しない、ジャストなキャスティングを求められる中、ありとあらゆる手段で、しらみ潰しにリサーチを行う日々。

一家の主人になる為の、通過儀礼かと思ってしまうほどの、それはそれはタフな案件であった。その結果、

1カ月半かけて、ようやく、その条件に該当する一家を岐阜で発見。それから約半月を掛けて、毎日のようにご連絡を差し上げ、出演の承諾を頂いた。

ポシャるリスクが圧倒的に高い、キャスティングありきな企画ながら、2カ月を掛けて、何とか撮影に漕ぎ付けることが出来たのである。撮影のほうも、クライアントもスタッフも家族も一体となって最高のものとなった。

何より僕は、こんなにも仲睦まじい4世代一家に出会えたことに、ただただ嬉しく、僕もこれから、こんな家庭を築いていきたいなぁと、現場で人一倍、喜びを噛み締めていたのだった。そんな撮影の帰り際、みなさんに、激励の言葉を頂戴した。

「小松さん、明日は頑張ってくださいね!」

何の因果か、岐阜出張の翌日は、お互いの両親の初顔合わせであったのである。こちらのほうも意気投合し、笑顔が絶えない会となった。

僕は、この時、猛烈に実感していたのだった。きっと、人生で何度もないであろう、良い流れが来ている。間違いなく、これ以上ないくらい順風満帆に、新生活が動き出していると。

しかし、そんな2週間後。突然、体調を崩してしまう。

僕は、2010年に遭った追突事故の影響で、ムチウチの後遺症から季節の変わり目や気圧の変化等の際は、酷く自律神経を崩すようになっていた。その日は、あろうことか、日本列島に台風が4つも迫ってきている異常気象で、今までに体験したことのないくらい激しいめまいと動悸、吐き気に襲われたのである。

その結果、しばらくの間、自宅での療養を余儀なくされてしまう。何も出来ないまま、ただただ寝込みながら天井を見つめている日々。次第に、色んな事が頭をよぎり、心の中で終わりのみえない自問自答を繰り返すようになっていった。

仕事は楽しい。社長や社員も大好きだし、今まで培ってきた経験や人脈も存分に活かせる。きっとこれから、売り上げにも貢献出来るだろうし、ゆえにボーナスもいっぱい貰えるかもしれない。会社の期待は本当に嬉しいし、それにも応えていきたい。これからのことを考えれば、幸せな家庭を築いていくには、これ以上ない生活だ。

でも……。

果たして、本当に、この仕事で良いのだろうか？　僕にとって、血が逆流するほどの燃えたぎる情熱は、この仕事にあるのか？

寝食を忘れるほどにのめり込める仕事が、今後、待っているのか？

この仕事に、自分自身の夢や想いや使命感は見出せているのか？

自分はやっぱり、サッカーに、ヴァンフォーレに関わっていたいんじゃないのか？

地元クラブに愛情と献身を捧げる、サポーターの熱気と歓声。ボスニアで感じた、サッカーが灯してくれる希望と誇り。

色んな国々で、サッカーを通じてつながった、多くの友人たち。作り物ではなく、リアルな人々が紡ぎ出す筋書きのないドラマ。商業主義化が過ぎる昨今のサッカー界を憂う一方で、コマーシャル制作に携わって生計を立てている自己矛盾。

ありのままの自分で居られる場所は、本当に幸せになれる場所は……。

一体、どっちなんだろうか？

心の奥底にしまい込んでいた本音の扉が開いてしまったようだった。病気からの復帰後、不躾ながら、ありのままを人事部長に相談した。会社的にも、僕の今後の体調も心配だし、自分が情熱を捧げられる道で頑張った方が良いんじゃないかという見解だった。その結果、僕は、たった4カ月足らずで会社を去ることになった。会社に対し、本当に迷惑極まりない、不義理なことをしてしまったのだ。

そして、彼女には結果的に退社することが事後報告となってしまい、相当なショックと不信感を与えてしまった。

年齢を考えると、早く子供も欲しい。だったら今、一番大切なのは安定した生活でしょ。なのに何故、人事部長にそんなことを伝えるの？　なんで、また自ら不安定な生活に戻るようなことをしたの？　自分勝手にも程があるでしょ……。彼女の言い分は、すべて正しかった。

この退社を機に、入籍予定日も延期となり、彼女とのケンカも増えていった。僕の独善的な行いが原因で、ふたりの関係は破綻へと向かってしまったのだ。

アルンアルンで、そんな彼女との日々が、頭の中でフラッシュバックしていた。彼女をはじめ、向こうの両親にも、自分の親にも、会社の方々にも、本当に申し訳ないことをしてしまった。なんて、自分はダメな人間なんだ。

大切な人たちを悲しませて、夢だの情熱だの語れるのか？

果たして僕は、正しい選択をしているのだろうか？

色々な想いが錯綜する中、僕はアルンアルンを後にすることにした。

これ以上、ここに居ると、胸を締め付けられ、その場で泣き崩れてしまいそうだった。中年男のそんな姿は、この団欒空間をぶち壊しにしてしまいかねない。それでは、幸せなマラン市民にも申し訳ない……。

取り急ぎ、近くにあったカフェに入ることにした。そして、インドネシアでは一般的な、激甘のアイスティーをオーダーし、しばし心を整えることに。甘いモノは、こんなヤツにも、いつでも、やさしく癒してくれるようだ。

一気に飲み干すと、少しだけ心が安らぎ、再び前向きな気持ちが戻ってきた。とにかく頑張っていこう、やるしかないと。誠に自分勝手な解釈かもしれないが、自分の選んだ道で、もっともっと結果を出していくことが、ご迷惑をお掛けしてしまった方々への、せめてもの償いなんだと。

すると、彼女に別れを告げられた時から伸ばしっぱなしだったボサボサの髪を切って、心機一転、新しく出直したいという衝動が、猛烈に襲ってきたのだった。

〝今こそ、アフガン大作戦だ〟

そんな指令が、どこからか、聞こえてきた。

僕は、支払いの際、ウェイトレスに「髪を切りたいんだけど、どこか良い美容室はありますか？」と聞いてみた。

すると、あまり意味が通じなかったのか、近くのデパートを案内される。

その瞬間、ふと閃いた。そうだ、デパートには、化粧品売り場があるに違いない。そこには、おしゃれでトレンドに敏感な美容部員のお姉さま達がいるではないか。インドネシア国内で広告モデルとしても活躍していたイルファン選手のことだ。用意したユニフォームも活かせるだろう。そして、ここは、モッシとキコの所属するアレマ・クロノスのホームタウンだ。彼らを知らないワケがない。

それで〝つかみ〟を取りつつ、その流れで、オススメの美容室を教えてもらおう。そう、ジョナサンよりもコスパの良いお店を。さっそくデパートへと向かった。やや古びた風情の老舗デパートに入ってみると、案の定、そこには、資生堂やコーセー等の日本の商品も綺麗にディスプレイされたザ・化粧品売り場が広がっていた。

フロア内を見渡していると、真っ赤な長袖のブラウスにタイトな花柄のロングスカートを合わせ、黒いヒジャブをオシャレ巻きしているお姉さまと目が合った。

軽く微笑みながら会釈をしてみる。彼女の口元も緩んだ。チャンス到来。笑顔で「スラマットシアン《こんにちは》」と覚えたてのインドネシア語で挨拶すると、彼女の顔にも笑みが溢れた。

そして、日本からアレマの友人・モッシとキコの応援のため、マランにやって来たと、告げてみる。すると、彼女の顔は、ブラウスほどではなかったものの、ほんのりと紅潮していった。なんと、大のアレマニタだったのである。直後、彼女は嬉々として、他の美容部員のお姉さま方に、僕のことを知らせまわった。気が付けば、フロアに居るほとんどの美容部員が僕の近くに集結していた。みんな、アレマニタだったのである。

さぁ、舞台は整った。僕はリュックから、トドメとばかりにイルファン・ユニを取り出し、広げて見せた。すると、大きな歓声が沸いた。どうやら、このお姉さま方も、イルファンに首ったけのようだ。

そんな売り場の異変を感じてか、奥の方からフロアマネジャーと思しき、**もたいまさこ**[a]風の年配の女性が、険しい表情でやって来た。そのもたい女史、イルファン・ユニを見るなり、破顔一笑、「ワオ〜！」と声を上げながら、インドネシア舞踊的な小躍りを始めてみせる。

想像をはるかに超えた、老舗デパート化粧品売り場の弾けっぷりに、やや気圧《けお》されてしまったが、全員にイルファン・ユニにサインをしてもらい、記念写真を撮影。

そして、本題を切り出した。

「アフガンの髪型にしたい」と。

美容部員の皆さんが、プッと吹きながら、親指を立てた。さらに、続けた。

「友達から、マランではジョナサンが一番良い美容室だと聞きましたが、本当ですか？」と。もたいフロアマネも、大きく頷いた。

そこで、問うてみた。

「でも、ジョナサンはちょっと高いです。他にどこか、手頃でオススメな美容室はありますか？」

すると、美容部員全員が、デパートの裏手の方を指差した。お姉さま方の話を要約すると、数々の理容コンクールでチャンピオンに輝いたことのある達人が営む美容室がスグ裏手にあると。そんなに高くもなく、彼女たちもよく利用しているとのことだ。

a もたいまさこ●独特な存在感と味わい深い演技が印象的なメガネがトレードマークの個性派女優。老け役や少しいじわるな役を演らせたらピカイチである。1989年、小林聡美、室井滋と共演したテレビドラマ『やっぱり猫が好き』（フジテレビ系）が大ヒット。以降、多くの映画やドラマ等に出演。2007年には、『それでもボクはやってない』で日本アカデミー賞助演女優賞を受賞。おすぎと仲良し。

マランの街角。スポンサーの商品であるインスタントコーヒーの広告にもアレマの選手たちが登場

〝ジョナサンと路上のオジさんの中間、達人のオジさん〟

これ以上ない、希望通りなイメージ。即決だった。

「そこに行きます！」と、皆さんに宣言した。すると、このフロアの楽しげな雰囲気に吸い寄せられるように加わっていた、坊主頭のガードマンの青年が、「僕がお店までご案内します！」と、申し出てくれた。

そして、ほぼすべての化粧品売り場の人たちに見送られる形で、美容室へと向かうこととなったのだ。

坊主なガードマン、略して、〝ボウズマン〟に誘導されながら、デパートの裏口のドアを出ると、斜向かいの〝THEGUH SALON〟と書かれたガラス張りの真っ赤な佇まいのお店が、美容部員一押しの美容室であった。

ドアを開けると、このお店の奥様らしき方が出迎えてくれて、顔馴染みなボウズマンと親しげに話し込みだした。どうやら、彼も、この美容室でボウズマンと化しているようだ。

店内を見渡すと、トロフィーを持ったり、王宮風美女の髪をカットしていたり、ハサミとクシを持ってクールにポーズを決めたりしている、オシャレなスポーツ刈りをした**江原啓之**《えはらひろゆき》[a]のようなルックスの男の色褪せた写真が、金色の額縁に入って、真っ赤な壁のそこかしこに飾られていた。どうやら、これが噂の〝理容の達人〟の若かりし日の姿のようだ。

そうこうしていると、2人の会話も終わり、ボウズマンは自らの職場に戻っていった。そして、奥様は、

a 江原啓之●多くのメディアにも登場する和装のスピリチュアリスト。美輪明宏と愛の伝道師として出演した『オーラの泉』（テレビ朝日系）では、ゲストの前世や守護霊、オーラの色を霊視し、スピリチュアルブームの火付け役となった。また美しいバリトンボイスのオペラ歌手という顔も持つ。

少し椅子に掛けて待っててねと、案内してくれた。

　すると、数分後。奥の方から、服部幸應《はっとりゆきお》[a]風の出で立ちをした、少し後退した額に口元にヒゲを蓄えたテッカテカなオジさんが、モノ凄いオーラを放ちながらやって来た。

　達人のご登場だ。僕は、思わず、ゴクリと生唾を飲んでしまった。

　その風貌と佇まいが、〝理容の達人〟というよりは、むしろ、**サモ・ハン・キンポー**[b]と相対する、名うてのカンフーマスターであるかのようだったからだ。

　さっそく、そんな、元スピリチュアル、現カンフーなビジュアルの達人に、少しビビりながらも、勇気を振り絞ってオーダーする。

「アフガン、お願いします」

　すると、カンフーマスターは、おもむろにスマホを取り出し、アフガンをググり始めた。やや老眼なのか、スマホを少し離しながら、見つめること30秒。何かを達観したかのような表情で、ゆっくりと、小さく呟いた。

「承知した」

　さっそく、スマホからバリカンに持ち変え、何の躊躇いもなく、サイドを刈り上げ始めた。

　軽やかに鮮やかに、僕のサイドは瞬く間にベリーショートになっていった。次に、トップを素早いハサミ捌きでジョキジョキと切っていく。サイドとトップの髪の流れをチェックしながら、大胆かつ繊細に。時折、手を止め、1歩後退し、鏡に映る全体像を確認しながら、また微調整に入る。

　それはそれは、圧巻の業であった。そして、カット開始から15分。どうやら、アフガンが完成した模様だ。

自信満々なご様子のカンフーマスターから、手鏡を渡される。

確認するなり、少し戸惑ってしまった。

なんだか、あまりにも、**宮本《みやもと》亜門《あもん》**[c]感がハンパない。決して、アフガンの完全なる正解を知っているワケではないのだが、亜門亜門した仕上がりだ。

そんな心の機微を察したのか、

「アフガンと亜門の違いも知らぬようでは、おぬしも、まだまだじゃのぉ」と言わんばかりに、カンフーマスターの鋭い眼光が鏡越しから飛んできたのだった。

良いか悪いか、似ているか似ていないかではない。有無をも言わせぬスゴみやオーラで、「イエス」と言わしめる。

洋の東西、どんな業界を問わず、巨匠や達人とは、そういうものなのかもしれない。

a 服部幸應●黒いマオカラースーツでお馴染み、日本を代表する料理研究家。「服部学園」の創立者である父の後を継ぎ、1977年より、服部学園理事長、服部栄養専門学校校長等を務める。90年代の人気番組『料理の鉄人』（フジテレビ系）では解説者としてお茶の間の人気を博す。自身も〝和の鉄人〟道場六三郎に挑んだ。なお、服部栄養専門学校の卒業生には三瓶や壇蜜がいる。

b サモ・ハン・キンポー●ブルース・リー主演映画『燃えよドラゴン』へのオマージュ作品『燃えよデブゴン』での〝動けるデブ〟によって、一躍その名を世界に轟かした香港映画きってのアクションスター。2017年、自らが監督・主演の『おじいちゃんはデブゴン』でも、変わらぬ〝動けるデブ〟ぶりを披露し、往年のファンを熱狂させた。

c 宮本亜門●1958年、東京・銀座生まれ。ミュージカルをはじめ、ストレートプレー、オペラ、歌舞伎など、国内外で様々なジャンルの舞台を数多く手掛ける、日本を代表する演出家。1993年、ネスカフェゴールドブレンドのCMで、「宮本亜門は知っている」のフレーズが話題となり、お茶の間にもその名が広く知られるようになった。近年は、『世界ふしぎ発見！』（TBS系）の解答者としてもお馴染み。

思わず、「アフガン、ありがとうございました」という言葉が口をつく。そして、〝これは、亜門ではなくアフガンなんだ〟と、何度か自分に言い聞かせながら、席を立ったのだった。

お会計の段になった。そう言えば、ジョナサンよりもお手頃という話を聞いていただけで、具体的な金額は知らない。こんなスゴい方に切って頂いたのだから、そこそこはしてしまうんじゃないかと、少し身構えた。

カンフーマスター自ら、レジを打つ。金額を見て、一瞬、目を疑った。

なんと、通常600円のところを半額キャンペーン実施中で約300円也。それは、マランへ向かう車中で医大生のグネイスが教えてくれた路上のオジさんに、限りなく近い金額だったのだ。

トータルで考えると、〝亜門・アフガン問題〟を差し引いても、かなりなコストパフォーマンスである。心の中で、紹介してくれた美容部員のお姉さま方とボウズマンに感謝した。

そして帰り際、恐る恐るイルファン・ユニを取り出し、ここにサインをしてくださいとお願いをしてみた。

すると、「オー、イルファン・バフディム!」と、今日イチな大声が、店内に響き渡ったのだった。

なんと、カンフーマスターは、高校までサッカー部で、イルファンと同じポジションだったそうだ。

第7節

アレマニアとアレマニタ

試合当日。

19時半のキックオフに際し、選手やその家族・関係者は15時半にホテルに集合。そこから選手バスと各々の車に分かれ、みんなでホテルからカンジュルハンスタジアムへ向かうとのことだ。僕は選手の家族扱いで帯同させてもらえることになっていた。

その前に、僕はどうしても、2点差以上で勝たなければ決勝進出が叶わない大一番なホームゲームを控え、否が応でもテンションのあがる地元の人たちとふれあいたいと思った。

というわけで、その日の午前中は、露店で買った紺色のアレマのユニフォームを身にまとい、いつもの前輪ブレーキ不全なオンボロ自転車で、アルンアルン周辺を徘徊することに。

すると、ガソリンスタンド前にたむろしている、アレマのタオルマフラーを首に巻いた10人ちょっとのバイク集団に遭遇。和気あいあい感が漂っていたので、手始めには、うってつけなキャスティングに思えた。そこで、彼らに声を掛けると、同じ工場で働く仕事仲間だそうだ。キックオフまで、まだ10時間近くあるにも関わらず、居てもたってても居られなくなり、これからスタジアムに向かうというのだ。

リーダー的な佇まいの男が、苦笑いを浮かべ教えてくれた。

「昨日は、全然仕事にならなかったぜ」

すると、ユーモアが滲み出た瓢箪フォルムの男が、リーダーを指差しながら、すかさずツッコミを入れた。

「いやいやいや、アンタ、いつもだろっ」

他の男たちは、うなずきながら大爆笑だった。リーダーもニヒルな表情で、負けじと返した。

「アレマを応援するのが、オレの仕事だ」

インテリスタでアレマニアな小鳥屋のオヤジ。“ミラノダービー前のような気分だ” と、大一番を控え、ソワソワした様子

再び、笑いの渦に包まれた。さらに舌好調が止まらない。

「モッシとキコの友達なら、伝えておいてくれよ。今日は、ちゃんと仕事しろよって」

キレイに落としてやったぜ的なリーダーのドヤ顔が鼻についたが、自分たちの街に誇れるクラブが存在し、大一番を迎えられるというのは、なんてハッピーで愉快なことなんだ……。

毎年、残留争いを強いられるクラブの街からやって来た人間にとっては、トップリーグで優勝争いを演じているポジティブな状況が、少し羨ましくも思えた。

いくつものタイトルをもつ浦和や鹿島や大阪や広島の人たちも、こんな感じなんだろうなぁと、疑似体験をさせてもらった気分だ。そんな彼らにも、イルファン・ユニにサインをしてもらい、みんなで記念写真を撮った。

最後に、「今日は勝ちましょう!」と、一人一人と握手をして、おいとまさせて頂くことに。去り際、僕は、心の中で強く思ったのだった。いつの日か、必ずや山梨にも、こんな空気感を作り出したいと。

そして、再び、オンボロ自転車を漕ぎ始めた。

次に声を掛けたのは、沿道を楽しげに歩いていた、少年2人組。

〝AREMA〟と書かれた黄色い上下の練習着を着て、アレマのエンブレムの入ったリュックを背負っていた。彼らはアレマU-10のスクール生で、これから練習に向かうとのことだった。

背の高いぽっちゃりした子は、ポジションはFWで、フィジカルの強さとシュート力に自信があるそうだ。もうひとりの小柄で華奢な子はサイドアタッカーで、スピードには自信を持っているとのことだ。この日は、練習が終わった後に、親御さんと一緒にスタジアムに足を運ぶそうである。

そんな彼らにも、モッシとキコの友達だと告げると、彼らのキラキラとした瞳が、さらに輝いた。特に2人は、キコが大のお気に入りなようで、笑いながら、〝クレイジー・キコ〟というフレーズを連呼した。どうやら、キコのブランディング戦略は、子供達にまで及んでいるようだ。ビジネスマン・キコの才覚を思い知らされた瞬間であった。

彼らは、アレマのトップチームでプレーして、インドネシア代表になるのが夢だという。2人とも利発そうな顔立ちで、辿々しい英語ではあったが、しっかりと自分の想いを語ってくれた。無垢な彼らの姿に触れ、夢を持ち、そこにチャレンジしていく姿勢こそが人を成長させていくんだと、改めて気づかされる。

そして、いつものように僕は、インドネシア代表のスター選手であるイルファンのユニフォームを取り出し、そこに一筆お願いすることに。

彼らは満面の笑みを浮かべ、人生で初めてのサインを書いてくれた。特にサイドアタッカーの子は、イルファンと同じポジションなこともあり、憧れだとはしゃいでいた。

彼らの将来に幸あれと思いつつ、「もし夢が叶ったら、少しで良いからオジさんのコトを思い出してね」と約束を交わし、未来のアレマ戦士と握手を交わす。

そして、心の中でエールを送りながら、彼らの元を後にした。

少年たちよ、このまま大志を抱いていこうぜ！

これから先、何度も壁にぶち当たるかもしれないし、大きな挫折を経験するかもしれない。

多くの人達から、色んなことを言われるかもしれないし、思い悩んで、眠れない日々もあるかもしれない。

でも、出来る限り、自分を信じ、夢を追いかけるんだ！

悲しいかな、この世の中は、夢を叶えられないことのほうが多い。だけど、自分の夢を叶えるために一生懸命頑張れば、きっと何か、かけがえのないモノを得られるはずだ。だから、簡単に夢を諦めるな。自分が納得するまで夢を追い続けろ。

そして、もしも夢が叶ったならば、自分を育ててくれた人たちや応援してくれる人たちに感謝しながら、それまで以上に、驕らず、ひたむきに頑張るんだぞ。

きっと、君たちの姿を見て、次の世代の子供たちが夢を抱くようになるはずだ。君たちが、イルファンに憧れているように。

夢や想いは、引き継がれていくものなんだ。

だから、頑張れよ！！！

「いや、お前ががんばれ」という声が聞こえた気もするが、再び自転車を漕ぎだす。その数分後、大きなショッピングモールに差し掛かった時だ。制服を着た2人の女の子が、小さく手を振ってきた。

えっ……逆ナン？？？

これはもしや、アフガン効果なのか？　カンフーマスターのハサミ捌きが頭をよぎる。何はともあれ、四十路のシャイで傷心なオジさんの僕は、ドギマギしながら、2人に声を掛けてみることにした。

彼女たちは、やって来た僕に向かって、「アレマニア、アレマニア」と、ハニカミながら囁いた。

そうか、アフガンやカンフーマスターは一切関係なく、アレマのユニフォームを着た外国人が好奇に映っただけのようだ。僕はいつもな感じで、モッシやキコ、イルファンの件を話してみる。すると、少し控えめだった彼女たちのテンションが一気に上がった。つぶらな瞳と八重歯が印象的な小柄でキュートな子はアグナ、ヒジャブを被った柔和な表情が印象的な子はナディア、と自らを名乗った。高校の同じクラスで、翌週にあるテスト勉強のため、ショッピングモール内のカフェにやって来たそうだ。

なんと2人はアレマニタで、キコにゾッコンであるらしい。

〝イケメン〟イルファンよりも、断然、〝クレイジー〟キコだと、興奮気味に思いのたけを語り出した。彼女たちの口からは、〝クレイジー〟のほかに、〝ワイルド〟やら〝セクシー〟やら〝ファニー〟やらのフレーズが飛び交った。

狂気と色気と茶目っ気のブランディング……。真面目そうな女子高生をも夢中にさせてしまうとは、〝ビジネスマン〟キコの〝クール〟な手腕たるや、恐るべしである。

一方で、彼女たちの口から一度も発せられることのなかった、実直で地味な風貌のモッシが、少しだけ不憫に思えてしまい……

「モッシ、大丈夫。オレはお前の、優しさや味わいのほうが好きだから」と心の中でフォローした。

そんな彼女たちに、「今日は、大一番だね！」と言うと、アグナが、急に残念そうな表情で嘆いた。

「今日はスタジアムに行きたかったんだけど、勉強しなきゃいけないから、家でテレビ観戦する予定なの」

彼女の言葉を聞いて、僕はふと、イラン映画の『オフサイド・ガールズ』を思い出したのだった。

女性のスタジアム観戦が禁止されているイランにおいて、何とかしてW杯出場が決まる試合に潜入しようと奮闘する、少女達を描いた映画である。

「スタジアムで観戦したりもするの？」と聞き返すと、「友達とよく観に行くよ」とのことだ。

以前も、アグナ運転のスクーターで、ナディアを後ろに乗せて観戦に行ったことがあるそうだ。僕は、オブラートに包みながらも、『オフサイド・ガールズ』的な質問を続けてみた。

「そうなんだ。女の子たちだけで大丈夫?危険じゃないの?」と。

彼女たちは、不思議そうな表情を浮かべながら、「全然、平気よ。いつも、みんなで歌って応援するの」と、答える。どうやら、イスラム教徒が大半のインドネシアであっても、少なくともアレマでは、スタジアム女人禁制どころか、女性も安心して試合観戦をできる文化があるようだ。

なんだか、とっても嬉しい気分になった。とかく、サッカーは、色々な事情が絡んでデリケートな問題も存在するけども、やっぱり、スタジアムは、老若男女問わず、地元の人たちも相手チームの人たちも、誰でも楽しめる空間であってほしい……。

山梨中銀スタジアムを日本一ホスピタリティ溢れるスタジアムにすべく、現場で汗水垂らしながら、みんなで頑張ってきた僕たちの、切なる願いだ。

アレマの大一番が、一段と待ち遠しく思えてきた。

最後に、イルファン・ユニにサインをしてもらい、「テスト勉強頑張ってね!」と告げて、彼女たちと別れた。

直後、ふと、当たり前のことに気が付く。もしも野郎ばかりのスタジアムだったら、〝アレマニア〟だけで、〝アレマニタ〟という言葉は生まれてこなかったにちがいない。

みんなが楽しく応援できる環境があるからこそ〝アレマニア〟と〝アレマニタ〟が存在するんだ。

なんとなく腑に落ちて、心がほっこりした。そして、新たな出会いを求め、自転車を走らせた。

第8節

シンゴ・エダン＝狂ったライオン

アグナとナディアと別れて、しばらく街中を走っていると、急に得も言われぬ不安が襲ってきた。果たして、こんな按配で良いのだろうか？

確かに、工場勤務のアレマニアやスクール生の少年たち、アレマニタな彼女たちから話が聞けたことはうれしい。

いかにアレマというクラブがマランの街に根付いているのか、モッシやキコがいかに愛されているのか、インドネシアでイルファン選手がどれだけ大人気なのか——ヒシヒシと伝わってくるものがあった。

でも、なにか刺激が足りない、満たされない。日本に居ながらでも、エア・インタビューで書けてしまえそうなありふれたエピソードなんじゃないのか？　せっかく現地で汗にまみれながらオンボロ自転車を走らせているのだから、もっと、ゾクっとするような、パンチの効いた出会いが欲しい。

以前、イスタンブールダービーのスタジアムで催涙ガスを浴びた時のような、スパイシーなモノを。

そんな欲張りな自分が出てきてしまった。

そして、思いついた。

アグナとナディアの対極、ヤバいアレマニアにアタックしようと。シャイでも傷心でもない、漢な感情が、心の中から顔を覗かせた。

とは言うものの、何処にそんな奴らがいるのかも分からないし、彼らとの接触によって身に危険が及ぶ可能性もまったくのゼロとは言えない。

時間も限られている中、かなりタフな案件である。

ひとまず、キコが足繁く通うクラブMy Place近くの酒屋に行き、ビンタンビールを2缶一気に流し込み、気合いを注入した。

気分はすっかり、**アニマル浜口《はまぐち》**[a]だー！！！

満を持しての、ヤバいアレマニア探しのスタートである。

しかし、しばらく街中を徘徊して、気が付いた。こんな日中に、ヤバいヤツらが、明るくトレンディな場所に居るはずもない。やはり、彼らは薄暗く人目もつかない、埠頭の倉庫か採石場の廃墟的な場所に潜んでいるのがお決まりなんじゃないかと。

〝**丹古母鬼馬二《たんこぼきばじ》**[b]は、昼下がりの表参道を庭にしない〟

ふとそんなフレーズが降ってきた。

とは言え、マランは内陸地なので埠頭は存在しない。採石場はあるかもしれないが、到底、自転車で行けるような距離ではないだろう。

だとすれば、一体何処なんだ？　ヤツらの居場所は？

a　アニマル浜口●「気合だ〜！　気合だ〜！！」という珍パフォーマンスで知られるボディビル出身の元プロレスラー。本名濱口平吾。ワンショルダーのコスチュームを身に纏い、国際プロレス、新日本プロレス等で活躍。愛娘は、お上品だけど少し絡みづらい感のある女子レスリングアテネ&北京五輪銅メダルの浜口京子。現在は、浅草でアニマル浜口レスリング道場を主宰。なお、道場のあるビルにはシェアハウスも入っている。

b　丹古母鬼馬二●アングラ劇団出身で鬼瓦のような風貌を活かし、日活ロマンポルノや多くの映画やドラマで強烈な個性を放ったバイプレーヤー。1983年、「まずい、もう一杯！」の八名信夫らと〝悪役俳優集団〟悪役商会を結成。また『風雲！たけし城』（TBS系）では、「悪魔の館」という難関でストロング金剛と一緒に悪魔として潜み、挑戦者を捕まえては顔に靴墨を塗っていた。本名、神田満。

自転車を走らせながら逡巡していると、ふと、マラン駅での別れ際の、ドニーとエルネストの言葉を思い出した。

「駅の近くには、スリやマフィアみたいな危険な奴らも居るから、気を付けて」

漕ぎながら、膝を打った。なるほど。少なくとも、マラン駅の周辺に行けば、危険なヤツらがいる。そして、その近くにアジトもあるはずだ。もちろん、犯罪者と仲良くなるのは、まっぴらごめんだが、このアレマデーを楽しみにしているクレイジーな悪いヤツらがたむろしている可能性は、街中よりは高いかもしれない。

そこで、マラン駅に到着した際、乗り合いのミニバスで、ホテルまで向かった時の記憶を辿ってみた。ちょうど、駅を出て東側を線路沿いにいくと、レンタルバイク屋やヘルメット屋が数多く並んでいる。そして、その道をさらに真っ直ぐ進むと、なだらかな下り坂になり、高架下の三叉路に突き当る。その近辺は鬱蒼と草が生い茂った未開発な土地も多く存在していたような……。

駅から徒歩10分。人目もつかない薄暗い高架下。手付かずな土地アリ。ヤバい奴らが巣食うには、これ以上ない好立地だ。鬼馬二臭がプンプンするではないか。

そうとなれば、善なのか悪なのか定かではないが、とにかく急げである。一路、マラン駅東側へと向かった。

20分後、マラン駅に到着。すでに灼熱の中の有酸素運動により、体内のアルコール分は、かなり抜けたようだ。脱水症状を防ぐべく、駅前の売店で買った水をひと息に飲み干し、いざ件の道へと自転車を走らせた。

すると、色とりどりなスクーターのヘルメットを取り揃えているお店が軒を連ねるエリアに差し掛かった時である。左前方の歩道から、絵に描いたようなエグいビジュアルのお兄さんが、目に飛び込んできた。

両腕全体に緑と赤のとぐろを巻いた蛇の刺青、両耳リングピアスにくわえタバコ、ジャラジャラチェーンにジャックナイフ、そして、鋭い眼光の据わった目つき。まさに、蛇にピアスな男。

少し気持ちを落ち着かせる意味でも、一度スルーして、遠巻きで彼を観察することにした。どうやら、ヘルメット屋の店主であるようだ。ところが、である。こちらの期待に反し、驚くほどに勤勉だ。ハタキを使い、商品の埃を丁寧に取ったり、商品の向きを微調整したりもしている。

ビジュアルはヤバいが、仕事には真摯だ。〝仕事に熱心に打ち込むと、人格も磨かれていく〟そんな偉人の格言が頭の中を駆け巡る。

たぶん、ヤバくない人のようだ。きっと、外見で誤解されちゃう類の人だろう。しかし、ガチなヤツらと対峙する際に、ヴィジュアルで圧倒されず、フレンドリーに伍していく練習としては、うってつけなキャスティングである。日本代表におけるナイジェリア代表戦を想定した、ボツワナ代表との練習試合のようなものだ。

とにもかくにも勇気を持って、お兄さんに1対1を仕掛けてみることにした。

「スラマットシアン《こんにちは》！」

すると、「シアン！」と、返ってきた。

酒焼けした場末のスナックのママのような、きっと、カラオケの十八番は桂銀淑《けいうんすく》であるかのような、予想外にハスキーで甲高い声色だった。一瞬、そんなギャップに、たじろいでしまったが、ここでビビっているようではお話にならない。

今は、あくまでも本番前の大事なトレーニングマッチなのだから。全力で目の前の相手に臨み、収穫と課題を見つけなければ。そう自分に言い聞かせ、「日本から、アレマの試合を観にやってきました！じつは、アレマのモッシとキコは友達なんです」と伝えた。

すると、「ようこそ、マイフレンド」と、笑みが溢れた。拍子抜けするほどに、フレンドリーだった。

そして、イルファン・ユニを見せると、意外にも、「コウフ！」と声をあげた。

どうやら、オンラインのｔｏｔｏを通じて、よくＪリーグもチェックしているようで、「コウフ《甲府》は知ってるよ。弱いからいつもオッズが高いチームだよな。ヒヒヒ……」と、ファンが気にしている「事実」を浴びせてきやがった。

言ってくれんじゃねぇか、コノヤロー。ビッグクラブ優遇の中、俺たちみたいなスモールクラブが、どんだけ苦労して汗水垂らして日本のトップリーグで戦ってんのか、分かってんのか？　ネット上のオッズで、クラブを判断すんじゃねぇと。

しかし、ここでの報復行為による一発レッドは危険だ。賭けサッカーの世界ではごもっともだし、こちらは喧嘩上等ではなく、あくまでサッカーを通じた交流の一環なのだ。ギリギリなところで気を取り直し、イルファン・ユニにサインをお願いすることにした。

「コウフは、とってもアットホームで良いクラブだぜ。だから、応援してね」と、笑顔で一言添えながら。

彼も、嬉しそうに一筆入れ、「これからはコウフを応援するよ!」と社交的な辞令を発してくれた。

そんなこんなで、トレーニングマッチは終了したのだった。

仮想ナイジェリアにしては、少々物足りなさはあったが、なかなか有意義なシミュレーションが出来た。

今回のマッチレポート――【ボツワナとのトレーニングマッチで浮かび上がった収穫と課題】
ヤバめな人にも、モッシかキコかアレマかイルファンの話題と笑顔さえあれば、きっと仲良くなれる可能性が高い。少なくとも身の危険はなさそうだ。
一方、ヴァンフォーレ甲府の悪口を言われてもカッとならないこと。そして、Jリーグのビッグクラブ優遇施策にネガティブな感情にならないこと。何を言われても、穏やかに相対すること。
プロヴィンチア（地方クラブ）にはプロヴィンチアとしての存在意義があるのだから。

さぁ、いよいよ本番だ。

お兄さんに別れを告げ、ヤバいアレマニアのアジトを探すべく、再び自転車を漕ぎ始めた。

すると、件の坂道を下り、高架下に差し掛かった時だ。どこからか、インドネシア語の柔らかく優しい響きと、男たちの熱と勢いとが相まった、子音と母音の間にyが介在しているような、「ア〜リエ〜

a 桂銀淑●1984年、作曲家の浜圭介に見出されソウルから来日。『すずめの涙』『ベサメムーチョ』等の多くのヒット曲で、「演歌の女王」と呼ばれた。1991年には、作詞界の巨星・阿久悠を迎え『アモーレ〜はげしく愛して〜』をリリースしたが、長友選手の〝アモーレ〟とは一切関係ない。近年は、金銭トラブルや覚せい剤所持等、残念なニュースが多い。

アリェ〜　アリェミャォ〜」と、どこか**仮面ノリダー**[a]を想起させる、アレマニアたちの挽歌が聞こえてきた。

ビンゴ！　ヤバいかは定かではないが、この界隈にいる。熱き血潮のアレマニアが。耳を澄まし、どこから聞こえてくるのか見渡してみた。すると、その声は、高架下三叉路を左折して少し直進したところにある、野っ原にポツンとある掘建小屋からのようだった。

血が沸き、肉が踊った。しかし、意外にも頭は冷静であった。トレーニングマッチの収穫と課題を反芻しながら、様々なシチュエーションでの対応策が、鮮明に思い浮かんだ。

そして、カオスなロードがスローに見え始めた。おそらく、ゾーンな状態だ。この状況では、相手の考えや行動も、面白いほど手に取って分かり、あらゆるモノが上手くいく。そして、なぜかいつもスローモーションだ。

ハンドボールでキーパーをしていてゾーンに入った時は、シュートのボールが縫い目までよく見えたものだ。それと一緒の感覚が全身を覆っている。

テーマは、〝笑顔〟と〝アンガーマネジメント〟。

あとは、ゾーンな自分に身を委ねよう。

そう決め込み、いざ、そのアジトへ足を踏み入れた。

a 仮面ノリダー㊟『とんねるずのみなさんのおかげです』（フジテレビ系）で、1988年〜1990年に放送された大人気コーナー。仮面ライダーのパロディで、木梨憲武扮する改造人間・木梨猛が、ミツカン『すし酢』のCMソングを歌いながらノリダーに変身し、多くの怪人と戦った。なおチビノリダーを演じたのは、幼き日の伊藤淳史。

可愛らしいシンゴ・エダンTシャツに身を包み
クールにポーズを決めるアレマニアボーイ

ヤバし……。

ガチだ。ガチにも程があるヤバさ。

防衛本能をくすぐる、ギラギラと漂う危険な空気。

相手を刺し殺すかのような鋭利な目つきの男たち。

違う違う。鬼馬二じゃ、鬼馬二じゃない。

これはピラニアだ、**ピラニア軍団**[a]だ。

室田[b]だ、**志賀**[c]だ、**川谷**[d]だ……。

インドネシアのピラニアたちが、薄暗い修理工場のようなスペースで、タバコをふかしながら、ウォッカ的なモノをショットグラスで喉に流し込み、ノリダー的なアレマチャントを熱唱している……。

ボツワナ戦のシミュレーションが全く意味をなさない、次元の違う相手との国際Aマッチな予感。ナイジェリアはナイジェリアでも、これはまさに、ナイジェリアオールスターズだ。イエキニ、カヌ、アモカチに、ジェイジェイ・オコチャ、イヘアナチョ。サンディ・オリセー、ジョン・オビ・ミケルに、ババンギダ。ジョセフ・ヨボ、タリボ・ウェスト、エニェアマだ！！！

こんな相手には、小手先のテクニックや弱腰な対応策で臨んでも、逆に打ちのめされてしまうのがオチである。ここで試されるのは、メンタルとデュエルだ。

自分を信じ、相手に立ち向かっていく凄みとでも言うべきか。こういった状況では、覚悟を決めてチャレンジしていくのが、最善の策だ。リスクを冒さないのがリスクになりかねない。「怯むな、挑むんだ。挑まなければ、何も掴み取ることは出来ない」。心に、そう言い聞かせた。

ここまで来たら、行くしかない。とにかく前へ。

ありったけの笑顔で、〝スラマットシアン！〟をぶちかました。

先方の、〝誰だお前は？〟的な、怪訝にして危険な目線が突き刺さる。

すぐさま、リュックからイルファン・ユニを取りだし、見せつけた。

すると、アレマのユニフォーム姿と相まって、敵ではないと思われたのか、鋭い眼光が少し緩んだ。

そして、ゆっくりと手招きをされた。

つかみはオッケーだ。

a ピラニア軍団●1975年、時代劇やヤクザ映画で斬られ役やチンピラ役をしていた東映の大部屋俳優が中心となって結成された脇役集団。発起人は芸能界ケンカ最強との呼び声高い、若かりし日の渡瀬恒彦。深作欣二監督の映画『仁義なき戦いシリーズ』では、メインを喰ってしまうほどの存在感で、脚光を浴びる。以降、各々、多くの映画やドラマで活躍。小林稔侍もピラニア出身。

b 室田日出夫《むろたひでお》●ピラニア軍団のリーダー的存在。1937年北海道小樽市生まれ。1957年、第4期ニューフェースとして東映に入所。同期にはチョメチョメでお馴染み山城新伍がいる。2002年64歳で他界。「室田日出夫の名前に勝るものはない」という近親者のご意向により戒名は無い。

c 志賀勝《しがまさる》●1942年京都府生まれ。「ピラニア軍団」は、志賀が名付けた「ピラニア会」という忘年会が起源とされる。悪役のみならず、『欽ちゃんのドンとやってみよう！』（フジテレビ系）等、バラエティ番組でもユニークなキャラクターで活躍。また歌手としても多くの名曲を残す。語りが入った『男』や『道』は、草食系男子が多い昨今に強烈なメッセージを放つ。

d 川谷拓三《かわたにたくぞう》●1941年満州生まれ、高知県育ち。大部屋仲間の志賀勝らとの飲み会が、ピラニア軍団の出発点とされる。1975年10月から放送の倉本聰原案のテレビドラマ『前略おふくろ様』（日本テレビ系）で、盟友・室田日出夫らとの好演が人気を博し、一躍、昭和と代表する名バイプレーヤーへと駆け上がった。また1976年より日清食品『どん兵衛』のCMに出演し、山城新伍との名コンビで、15年間、お茶の間を彩った。

心の中で小さくガッツポーズをした。

さらに、「アレマのモッシとキコの友達だ。アレマの試合を観に日本からやって来た」と、お決まりの殺し文句で攻め立てた。

直後、インドネシアの室田日出夫が不敵な笑みを浮かべ、「俺たちは、そんじょそこらのアレマニアではない。ファイティング・アレマニアだ。ファイティングだ!」と、**ザブングル加藤**[a]のようなカッチカチな仕草をしてみせた。武闘派アレマニアということなのか?

そして、室田は続けた。

「今日は勝つ。絶対に勝つ。アレマは、俺たちのすべてだ」

すると、赤いニット帽にライダースジャケット姿の川谷拓三が、どん兵衛ではなく、「インドネシア・サケ!」と、ボトルを指さした。

どうやら、酒を飲めと指示しているらしい。杯を交わそうじゃないかと。心の中で、再度、ガッツポーズをした。バイタルエリアに侵入できたようだ。あとは、ゴールを陥れるには、どうすべきか? 答えは、シンプルだ。とにかく、シュートを放つ。そう、杯を交わすに限る。

経験上、現地の人が地元の蒸留酒をショットで勧めてくる時は、決まって、あまりのアルコール度数の高さに、ビックリ仰天している姿を期待している。

ゴールの決定率を高めるには、**ダチョウ倶楽部**[b]になるしかない。

覚悟を決めた。一流のリアクション芸人を演じてみせようと。大事なのは、緊張と緩和だ。滑稽なリアクションで落とすには、はじめはシリアスな態でいったほうが、ギャップがあってウケも良いはずだ。

ゆっくりと頷き、低いトーンで、「テレマカシ」とサケを受け取り、グイっと一口で喉に流し込んだ。拍子抜けした。確かに度数は高いのだが、全然、マイルドで後味が甘いではないか（あとで調べたのだが、アラックというバリ島等でよく飲まれている、米とココナッツを発酵させ、さらに蒸留させたお酒であるようだった）。20代の頃、罰ゲームで96度のポーランド産スピリッツを一気飲みしていた人間には、物足りなささえ感じる。しかし、ここで相手が求めているのは、あくまで驚き慌てふためくオーバーなリアクションと、「殺す気か！」的なコメントである。

とにもかくにも、胸がカーっとなって、顔が猛烈に熱くなって、ふざけんな的な芝居を打って出た。大ウケだった。親指を立てて破顔一笑な、ピラニアたち。どうやら、先方の望んだリアクションが出来ていたようだ。

そして、「もう一杯、飲め！」と勧められた。

a ザブングル加藤●1999年結成のお笑いコンビ、ザブングルのボケ担当。ワタナベエンターテインメント所属。「悔しいです！」や「カッチカチやぞ！」等、顔芸を駆使したギャグを得意とする。なお、相方でツッコミ担当の松尾は、人気バラエティ番組『アメトーーク！』（テレビ朝日系）で〝運動神経悪い芸人〟として、お茶の間に爆笑の渦を巻き起こす。

b ダチョウ倶楽部●肥後克広、上島竜兵、寺門ジモンからなる、ベテランお笑いトリオ。『ビートたけしのお笑いウルトラクイズ』（日本テレビ系）等での活躍を機に、いまや日本を代表するリアクション芸人として君臨。主なギャクに「ヤー！」「聞いてないよぉ〜」「どうぞ、どうぞ」「訴えてやる！」「ムッシュムラムラ」「わきあいあい」「クルリンパ」など多数。なお、ボケ担当の上島竜兵が最も真っ当な人物とされる。

ゾーンな僕は、同じリアクションはするまいと、瞬時に判断した。今度は、大好きな**岡本太郎**[a]を模した〝爆発だ！〟的なリアクションを繰り出した。

1回目以上に、ドカンと来た。心の中で、カズダンスを踊った。ハットトリックを達成した気分だった。

その後、みんなとハイタッチを交わし、ノリダー的なチャントを一緒に大合唱した。

どうやら僕も、インドネシアのピラニア軍団に、仲間入りを果たせたようだ。

すると、件の赤いニット帽の拓三が、「俺たちのボス、シンゴ・エダンに会わせてやる」と言って、奥の部屋を指差した。

シンゴ・エダン。

この言葉は、宿のオーナーからも聞いたフレーズだ。最初、実の兄の名前もシンゴということもあり、人の名前かと思ったのだが、アレマのニックネームで、〝狂ったライオン〟を意味するそうだ。

〝狂ったライオン〟という名の組長に会わせてやる？　思わず、ゾッとした。

〝インドの狂える虎〟なら知っている。サーベルを口に咥え、ターバンを頭に巻き、入場とともに相手を血まみれにしたり、ターバンで首を絞めたり、時には新宿伊勢丹前で**アントニオ猪木**[b]を襲撃したりなんかする。

そう、**タイガー・ジェット・シン**[c]だ。

しかし、彼の場合は、基本のレスリング技術をしっかりと身に付けたレスラーで、狂った虎は演出上のギミックだ。

かたや、〝インドネシアの狂ったライオン〟は、ガチの、演出一切ナシなやつだ。危険な香りしかしない、先方からのご提案。

どうする？　リスク回避でおいとまさせて頂くか？　行くところまで行ってみるか？　ディフェンシブを取るか？　アグレッシブを取るか？

どっちを選択すべきだ？

すると、尊敬する元ヴァンフォーレ甲府の指揮官の熱い言葉が、どこからか聞こえてきた。

〝迷ったら前へ！〟

よし。行ってやろうじゃないか、シンゴ・エダン組長のもとへ。逃げ腰になるな。立ち向かっていけ。

再び、そう心に誓い、奥の部屋へと歩を進めた。

刹那、ゾーンが解け、身の毛がよだった。

a 岡本太郎●「芸術は爆発だ」でお馴染み、日本を代表する芸術家。大阪万博の際に作られた『太陽の塔』や、渋谷駅構内に飾られた壁画『明日の神話』など、数々の芸術作品を世に遺す。著書も数多く、〝太郎の言葉〟は、今でも若者の胸を打つ。筆者も学生時代、『自分の中に毒を持て　〝あなたは〟常識人間〝を捨てられるか』に感銘を受けた一人。

b アントニオ猪木●昭和プロレスを牽引した〝燃える闘魂〟。マサ斎藤との巌流島決戦での死闘やハルク・ホーガン戦での失神KO負け、モハメド・アリとの異種格闘技戦等、プロレス史に幾多の伝説を残す。また、そのシャクれ顔と「元気ですかー」、「1、2、3、ダー」のマイクパフォーマンスは、春一番、井手らっきょ、アントキの猪木ら、多くの芸人にマネされてきた。現在、参議院議員として活動中。

c タイガー・ジェット・シン●1944年、インド・パンジャーブ州生まれ（という）。1973年、新日本プロレスのマットに初参戦。超ヒールレスラーとして名を馳せるも、来日前は正統派ベビーフェイスとして活躍した名残か、大一番ではオーソドックスな大技を駆使し勝利を収めた。アントニオ猪木戦でのアルゼンチンバックブリーカーは、プロレスファンの語り草となっている。現在は実業家として成功し、大富豪となった。

松方だ。**松方弘樹**《まつかたひろき》[a]だ。カジキを釣っていない、**テリー伊藤**[b]に演出されていない、昭和の、銀幕の、ヤクザな松方だ。

殺気に満ちた眼光と全身から漂う殺戮のオーラ。洋服から溢れ出す、狂ったライオンの刺青。紛れもなく、そのスジの人だ。

しかし、もう引き下がることは出来ない。

勇気を振り絞り、ご挨拶を試みた。

「スラマットシアン」

先方は、無言で小さく頷くだけだった。しばしの沈黙が続く。僕は、怖さのあまり、その後の言葉を発せられない。得も言われぬ不穏な空気が、その場を支配していた。それを見兼ねた、赤い頭の拓三が、口を開く。

どうやら、「こいつは、モッシとキコの友達で、日本からアレマの試合を観に来たんですぜ」的なことを、インドネシア語で伝えてくれているようだった。

すると、やっとのことで、シンゴ・エダン組長は、にんまりと微笑んだ。

とは言え、氷と組長の微笑ほど怖いものはない。相変わらず、膝がブルブル震えていた。しかし、直後、インドネシアの松方が、ゆっくりと握手を求めてきた。

そして、低くドスの効いた声で呟いた。

「一緒に写真を撮ろうぜ」

僕はもう、まな板のカジキ状態だ。２ショット写真を拒もうものなら、隠し持ったチャカかドスで殺られるかもしれない。そんなピリッとした空気感が、依然として漂っていた。

すぐさま、鋭い目つきで拓三を呼び寄せ、自らのiPhoneを手渡した。

撮影後、狂ったライオン松方は、「日本人との写真は、オメェーさんが初めてだ」と、再び微笑み、握手を求めてきた。

さらに、僕の目を見つめ、小さく呟いたのだ。「今日は戦争だ。何が何でも勝つ。アレマこそがナンバー1だ」と。

アレマのどこが一番好きなのか？ なぜシンゴ・エダンと呼ばれているのか？ 色々とぶつけてみたい、シンプルで野暮な質問も浮かんできたが、どこかで地雷を踏んで、有事になった際のことを想像したら、それ以降、恐ろしくて口をつぐんでしまった。


〝黒い交際疑惑〟


もしも僕が、有名人か公人であれば、インドネシアの文春的な週刊誌は、そう報じるに違いない。

ファイティング・アレマ組員と杯を交わし、シンゴ・エダン組長と一緒に写真に収まる。コンプライ

a 松方弘樹●1942年、俳優・近衛十四郎と女優・水川八重子の元に生まれたサラブレット。本名・目黒浩樹。任侠映画や時代劇で活躍した昭和を代表する名優。また『天才・たけしの元気が出るテレビ!!』（日本テレビ系）での笑い上戸の親しみやすいキャラクターや梅宮辰夫とのカジキマグロ釣りでお茶の間を楽しませた。幾多の豪快エピソードの持ち主だが、中でも、ヤンチャが過ぎてパイプカットをした件は有名である。2017年他界。

b テリー伊藤●1949年東京都築地出身。『天才・たけしの元気が出るテレビ!!』『ねるとん紅鯨団』『お笑いウルトラクイズ』（すべて日本テレビ系）『浅草橋ヤング洋品店』（テレビ東京系）等、多くの人気番組を生み出した、バラエティ演出の天才。現在は、独自の視点で社会を斬る、名コメンテーターとしても活躍。なお、実家は築地の玉子焼きの人気店「丸武」。筆者は、大学3年時、氏の事務所に企画書を送り、入社を切望した過去がある。

アンス的には、完全にアウトだ。すぐさま謝罪会見を開くか、フェイスブックで釈明をしなければならないだろう。しばらくの謹慎か雲隠れを余儀なくされるにちがいない。まぁ、そんなタラレバ話、どうでもよい。僕は、いたって素人な私人なのだから。

そんなこんなで、シンゴ・エダン一派に別れを告げ、再び堅気な道へと自転車を漕ぎ始めたのであった。

第9節 いざ、決戦の地へ

AREMA
NADE
KADIT
KETAM
Rp. 35.000,-
AREMANIA
HALAK AE AREMA
11 AGUSTUS

決戦の時が刻一刻と迫ってきている。

午前中のシンゴ・エダンとの件で、心身ともに疲労困憊となった僕は、いったん宿に戻った。シャワーを浴び、行きつけのカフェで腹ごしらえ。それから、前回の車だん吉事件の反省を踏まえ、選手、関係者が集まるホテルへタクシーで向かうことにした。

モッシからのメールで、ホテルに着いたら、ナツという女性と落ち合ってくれとのことだった。ナツは現地でモッシとキコの世話をしているインドネシア人のエージェントで、彼女と関係者の車でスタジアムへ向かい、一緒に選手の家族席で観戦してくれとのことだ。

「ボニータな女性だから、頑張れよ!」と、スマイルとハートマーク付きのいたずらっぽい励ましも添えてあった。

午後3時過ぎ、ロビーに着くと、〝ビジネスマン〟キコがプロデュースしたキャップを被った小柄でクールビューティーな女性が、僕のところに近づいてきた。

「サトル? モッシフレンド?」

彼女がナツだった。

その瞬間、思わず目を疑ってしまった。大学時代のハンドボール部の同期、マネージャーのコバヤシなのかと。

華僑系インドネシア人のナツは、その涼しげな顔立ちも華奢な背格好も、コバヤシに瓜二つだったのだ。そんなナツと会うなり、僕は、少しだけセンチメンタルな気分に襲われてしまう。大学時代、僕は、1学年下のマネージャーと、付き合っていた。長身で色白な、ほんわかとした、とっても大好きな彼女だった。

しかし、僕が卒業して間もなく、彼女から、突然、別れを切り出される。

「じつは、好きな人が出来ました」と。「誰だ？」と聞き返すと、よりによって、僕が一番可愛がっていた、ハンドボール部の後輩だったのだ。そんな、青春時代の甘く切ないセピア色の思い出が走馬灯のようにフラッシュバックしていく。

それはさて置き、僕たちは出発までの間、しばしロビーで談笑することにした。

彼女のエージェント・オフィスはジャカルタにあって、ボスが、マレーシアのクラブやエージェントにも強いルートを持っていて、外国人選手をインドネシアで活躍させた後、マレーシアにステップアップさせていくのだという。

「マレーシアは、東南アジアでは、選手のサラリーがとっても良いのよ」と教えてくれた。

その話を聞いて、僕はふと、〝インドネシアのメッシ〟こと、アンディク・ベルマンサのことを思い出した。

彼は、イルファンの前に、ヴァンフォーレ甲府に練習生としてやって来た選手である。

160センチ前後の小柄な体格ではあったが、スピード豊かなドリブラーで、清水エスパルスとのトレーニングマッチでは、素早い動きで裏に抜け出し、角度の無いところからゴールも決めていた。

本来ならば、彼こそが、インドネシア施策の選手となるはずだったのだが、条件面等でご破談となり、マレーシアのクラブへ移籍したとのことだった。その旨、ナツに伝えると、「アンディクは、今やインドネシア代表に欠かせない主力選手よ。彼は、国民のために一生懸命戦っているわ」と、誇らしそうだった。

その話を聞いて、とても恥ずかしい気持ちになってしまった。

アンディクやイルファンのことを、僕は、マーケティング戦略の一環でやって来た、サッカー後進国のインドネシア人という、どこか上からの目線で見ていたような気がする。でも、きっと、当時の彼らにも、サッカー選手としての矜持や、国の代表として背負っているものがあったはずだ。

イルファンは、ほとんどベンチにも入れず、忸怩たる思いを抱えながら、日々を過ごしていたにちがいない。国立のインドネシアデーの時は、どんな心境でサイン会に臨んでいたのだろうか？そんな当たり前な人の情を、今の今まで、僕は露ほども感じていなかったからだ。

そうこうしていると、ホテル内で、食事とミーティングを終えた選手たちがロビーに姿を現した。

いよいよ、出発の時だ。

選手やスタッフが、チームバスに次々と乗り込んでいく。僕はキコに、「ファイト！」と声を掛け、グータッチをした。後から現れたモッシにも、笑顔で親指を立てて見送った。そして、僕たちも、チーム帯同の取材スタッフの車に同乗させてもらった。

ナツの話によると、決戦の地、カンジュルアン・スタジアムへは、ホテルから車で1時間くらい掛かるそうだ。約4万人収容のスタジアムに、アレマニアとアレマニタが車やスクーターで大挙押し寄せるため、大渋滞に巻き込まれるとオンタイムで到着出来ないこともあるという。この日のチケットも、即日完売で満員御礼が予想されるそうだ。

そこで、そういった交通トラブルを回避すべく、選手バスと約15台のスタッフ・関係者の車は、コンボイとなって、その先頭と最後尾にパトカーが付いて、護送される形でスタジアムへ向かうとのことだった。

僕は、日本ではありえない、そのあまりにダイナミックな移動方式に、思わず感嘆の声をあげてしまう。

「インドネシアではノーマルよ」

そんな、ナツの素っ気ないリアクションも、どこかコバヤシっぽかった。

しばらくすると、2台のパトカーが、**柳沢慎吾**[a]の如き唸りで、稼働しだした。いざ、スタジアムへ。

アレマファミリーの大移動が始まった。

ホテルを出て、20分ほど走ったであろうか。

街中を抜けて、田園風景が広がる細く長い一本道に差し掛かった時である。

さらに驚きの光景が、目の前に飛び込んできた。

多くのアレマニア、アレマニタの車やスクーターで埋め尽くされた車道に、先導するパトカーが荒々しくクラクションを鳴らすと、道の真ん中がモーゼの十戒の如く、きれいに開いていくのだ。

直後、歩道側に寄った彼ら彼女らは、「今日は頼んだぜ!」とばかりに、クラクションを、ガンガンに鳴らし返すのである。

スタジアムへ向かう道中、チームとサポーターの、クラクションによるコール&レスポンス。

a **柳沢慎吾**●老若男女、誰からも愛される人気タレント。真骨頂は、「ひとり警察密着24時」や「ひとり箱根駅伝」などの『ひとりシリーズ』。自身も熱烈なファンである横浜DeNAベイスターズの始球式の常連としてもお馴染み。〝横浜高校の名場面〟という設定の「ひとり甲子園」を演じてからの投球がお約束で、日本一長い始球式と言われている。

僕は、そんな光景に、胸を打たれてしまった。

そして、改めて強烈に思い知らされたのだった。

〝選手は、チームは、誰のために、何のために戦わなければならないか？〟ということを。

すると、僕の頭の中では、いつしか、ミッシェル・ガン・エレファントの♪バードメンが流れ出した。

この曲は、大学時代、試合当日に繰り返し繰り返し爆音で聴いていた勝負曲である。勝利の為に体を張る覚悟、相手シューターに飛び跳ね立ち向かっていく勇気、ヒリヒリするようなスピード感ある攻防。

それは、キーパーとしてゴール前に立つ自分を奮い立たせる、アドレナリンを全開にさせてくれた曲だ。

近頃は、陽気でお人好しな呑んだくれオジさんと化していたが、隣に座っているインドネシアのコバヤシとこの光景とが相まって、いつかどこかに置き忘れてしまった、若かりし日の戦うスポーツマンの自分が、蘇ってくるようであった。

フィジカルコンディションはさておき、お呼びが掛かれば、いつでもピッチに立てるくらいに僕のメンタリティは仕上がっていった。

そんな、長く続いたモーゼの一本道が終わると、いよいよスタジアムが姿を現した。

スタジアム周辺はさながら常軌を逸した年末のアメ横とでもいうべき趣きだ。

熱気ムンムンな車とスクーターと歩行者が、グッチャグチャに溢れ返り、タバコと排ガスとインドネシアの焼き鳥〝サテ〟の屋台の煙で、ハンパないくらい靄も立ちこめている。

そんな中、気になっていたアレマニタたちの姿に、目を奪われた。

ユニフォームとタオルマフラーを身にまとった正統派アレマニタ。

狂ったライオンのTシャツにタイトなジーンズのワイルド系アレマニタ。

モコモコなライオンのぬいぐるみキャップを被ったキュート系アレマニタ。

アレマカラーの青いビジャブにサングラス姿のロック系アレマニタ——。

アグナとナディアの話は、本当だった。

車窓を流れるアレマニタたちは、それぞれに、クラブ愛を感じさせるバラエティに富んだ出で立ちで、嬉々として、おしゃべりをしたり、みんなで自撮りをしたりして、大一番なホームゲームを謳歌しているのであった。

熱狂、カオス、アレマニタ……。

道中での諸々な光景を目の当たりにし、どうやら僕は、まだ試合前だというのに、完全にインドネシアのサッカー熱に侵されてしまったらしい。

ただただ、ドキドキとワクワクとゾクゾクが、止まらなくなっていた。そして、ふと、2人の顔が脳裏をよぎった。アンディクもイルファンも、こんなスゲェーところから、日本にやって来たんだなぁと。

パトカーに先導された僕たち一団は、一点突破、カオスな導線をくぐり抜け、やっとのことで、アレマニア・アレマニタがごった返すスタジアムの正面入り口に到着。

まずはバスから降りた選手達が、機動隊に守られながら小走りで、正面入り口からロッカールームへと向かう。その後、僕たちも降車し、足早に選手たちに続いた。

ナツの忠告によると、この周辺には、選手の家族や関係者を狙ったひったくりも潜んでいるから、カメラやバッグには気を付けろとのことだ。

入り口でスタッフから入場パスをもらい、少し冷んやりとしたスタジアム内に歩を進めると、館内は青いアレマカラーのスポンサーボードに覆われた通路が伸び、その先には、ホームとアウェイ、両チームのロッカールームが向かい合わせにあった。

さっそく僕とナツは、薄暗い階段を上って、家族席へと足を運ぶことにした。

スタンド内に入るなり、またしても、グッときてしまった……。

色褪せた水色の手すり、古びた簡素な電光掲示盤、錆び付いたトタン屋根に、くたびれたベンチシート……。

なにか、今までの悲喜交々が染み込んでいるかのような、何とも味わい深いレトロな佇まいなのだ。

さらには、クラブカラーを配した横断幕やフラッグがスアジアム中を埋め尽くし、コーナーポスト付近にはクラブマスコットと思しき大きな3頭のライオンのぬいぐるみが横たわっている。

決して綺麗でも最先端でもなく、インスタ映えもしないかもしれないが、幾多の歴史と多くの人たちの想いやロマンが詰まっているようで、美しさと愛しさを感ずにはいられなかった。

そんな中、すでにスタンドを半分以上埋めつくした、熱狂的なアレマニア/アレマニタが、ピラニア軍団と一緒に歌ったチャントとは違う、ゆっくりとしたメロディの歌を、何度も何度も、大合唱していた。

それは、聞き覚えのあるメロディだった。「この曲は?」隣のナツに聞いてみた。

ナツは、うれしそうに答えた。「これは、アレマのアンセム的なテーマソングよ」。

少し鳥肌が立ってしまった。

決戦当日。荷台で太鼓を叩きながらスタジアムへ向かうアレマニタたち。
すでに闘志が漲《みなぎ》っている

これは、僕のヴァンフォーレ甲府での歩みにつながる曲だったのである。

2007年2月――。僕は、ヴァンフォーレ甲府を盛り上げていきたい一心で、東京での映像の仕事を全て切り上げ、故郷・山梨に戻ることにした。とは言え、何の見通しもないし、ヴァンフォーレ関係の知人は、クラブのスタッフである高校の先輩1人という見切り発車甚だしい状況だった。

そんな僕が、今後、ヴァンフォーレ甲府に深く携わっていけるようになるには、どうすれば良いのか？振り返ってみると、もっと他に上手で近道な方法があったのかもしれないが、その時、唯一、考えたことは、〝とにかくクラブのスタッフと時間と苦楽を共にしよう。そして、少しずつでも自分を信用してもらえるようになろう。きっと、その延長線上に、自分の強みを活かせるタイミングが、必ずやって来るはずだ〟だった。

そして、貯金を切り崩したりしながら、毎日のように、ボランティアでクラブの雑務をお手伝いする生活を始めたのである。

しかし、クラブの人たちと良い関係を築けても、なかなか期待しているような展開にはならない。両親や友人たちからは、「都合良く利用されているだけだから、早く東京に、映像の仕事に戻ったほうが良い」と何度も諭されたりしていた。僕自身も、良い歳して何やってんだろうと思うことも、しばしばだった。

そんな、悶々としながらも、歩みを進めていた2009年。

ちょうど夏に、スタジアムの電光掲示盤が映像を映し出せる大型ビジョンに変わった。このシーズン、ヴァンフォーレ甲府はJ2で湘南ベルマーレと、J1昇格の最後の椅子を巡って、熾烈な争いを繰り広げていた。そして、リーグ戦、残り3試合となった11月22日。ホームで、大事な大事な、湘南ベルマーレとの直接対決を迎えることに。

僕は、この大一番に際し、満を持して、自分を最大限活かせる案件を、クラブに提案することにした。今回は無償でもかまわないから、とにかく、試合直前に上映する選手・サポーターを鼓舞する映像を作らせてくれませんかと。

その旨、広報の鷹野氏に懇願すると、クラブからも、「是非！」という運びとなった。

さっそく、「何かあったら、いつでも相談してよ」と言って頂いていた『Jリーグ百年構想CM』のプロデューサーでもある古巣の上司に連絡し、制作をサポートして頂けることになった。

そして、その上司から、映像作家としてシミズ君を紹介される。シミズ君とは、お互い新人時代に、何日も徹夜で編集をするような大変な仕事でよく一緒になり、作業が終わったあとにも2人で編集室の後片付けをしていた、旧知の間柄である。その後、日本の名だたる映像作家からも信頼される腕利きのエディターとなり、さらに映像作家に転身したばかりの頃であった。とにかく映像を作る機会に飢えていて、しかも無類のサッカー好きで、奥さんの親戚が甲府在住という縁もあり、喜んで協力頂けるとの事だ。

作業としては、僕が企画や素材集め、楽曲選曲を行い、シミズ君がそれを元に、実際に画作りを行うという流れだった。鷹野氏とも話し合い、試合直前の映像なので、〝運命の大一番〟と銘打ち、重厚で余韻の残る、心に響く映像を作ろうということになった。

そして、僕は、自分の考えた企画やコピーをもとに、その世界観に合う楽曲を片っ端から探し出した結果、映画『グラディエーター』のサントラにあった「闘い」という曲が一番マッチすると思い、採用することにしたのだった。

楽曲も決まり、次は著作権絡みの問題である。

さっそく、JASRAC《ジャスラック》に問い合わせると、一般的には、安くはない金額が発生するとのことだ。薄々、予想はしていたのだが、大きな壁にぶち当たってしまった。

こちらとしては、ただでさえも、手弁当な映像制作である。そんな金額、到底、払えるはずもない。でも、良い作品を皆さんにお届けする為には、絶対にこの曲を諦めたくはなかった。チームの大一番だけでなく、僕自身の大一番でもあるのだから。

〝こういった案件は、テレビ局のように、Jリーグがジャスラックと包括契約でもしてくれたら助かるのになぁ……。でないと、僕らみたいなスモールクラブは、色んなコトを諦めざるを得なくなっちゃうよ。これも、大きなクラブ間格差だよね……〟

酒を飲みながら、思わず、そんなグチもこぼれてしまう。でも、立ち止まっていても何も始まらない。とにもかくにも、ジャスラックの担当者に電話をし、経緯と想いを伝えてみることにした。

すると、その方から、意外な言葉が返ってきたのだ。

「じつは、僕は横浜FCのサポーターなんです。今年も、アウェイ甲府戦で、山梨に行きましたよ。アウェイのサポーターにも本当に温かくて、大好きなスタジアムです」

当時、ボランティアでアウェイゲートを担当していた僕は、すぐさま返した。

「ご来場、ありがとうございました。絶対にゲートでお会いしていますね！」

暗礁に乗り上げそうだった案件に、一筋の光が差し込んだような気がした。それぞれクラブを愛する者同士、想いを分かち合えるかもしれない。誠に勝手な解釈に違いないが、ジャスラックは、世間で言われているほど、利用者にとって情け容赦無い人たちではないはずだ。そう信じるほかなかった。

それから、3回ほどジャスラックに電話し、その方とJリーグ談義に花を咲かせた。

すると、「是非、一度、オフィスでお会いしましょう」という運びとなったのだ。想いが届くチャンスなのか？　面が割れてしまうピンチなのか？　何はともあれ、若干のリスクをかかえつつ、いざ、ジャスラックへ。

当日、僕は甲府の駅ビルで、お土産用の巨峰クッキーの詰め合わせを買って、特急あずさに飛び乗った。オフィスに到着するとメガネをかけた優しそうな30代後半の男性が笑顔で姿を現した。お土産を手渡すと同時に、Jリーグ談義をすることに。もはや、想いを改めて伝えるのは野暮だと思った。この人は、分かってくれている、こちらの気持ちを。ただただ、横浜FCサポーターの彼と会話をしているのが楽しかった。気がつけば、1時間も話し込んでいた。そろそろ帰らなければならない時間となったので、最後に一言、お伝えした。

「すみません、どうしても、この曲を映像に使いたいんです。でも、充分な予算が無いんです。だから、今回は、申請せずに使用させて頂きます。必ずや、作曲家の方にも喜んで頂けるような良い作品に仕上げますから」

結果、無断使用を、丁寧にジャスラックに報告する形となった。

「こんな人は、初めてです」と苦笑されてしまう。

続けざま、柔和な表情で、おっしゃられた。

「立場上、承知しましたとは言えません。ただ、この映像の意味や小松さんの想いは分かりました。ご判断は、小松さんに委ねます。ぜひ良い映像を作ってくださいね」

なんだか、その言葉が、とても温かく感じられた。

言わずもがな、僕は、この楽曲を使用することにした。

お陰様で、非常に良い映像が出来上がり、スタジアムでも大きな拍手が起こった。また、試合前日には、選手たちもミーティングでこの映像を見てモチベーションを高めたと、新聞の記事にもなった。

そう、この曲こそが、まさに、アレマニア／アレマニタがスタンドで大合唱している曲だったのである。

僕は、今までの長い道のりとお世話になった多くの人たちを思い出しながら、胸が熱くなった。

今もまだクラブスタッフではないが、それ以降、自分が望んでいた映像をはじめとしたスタジアム演出等に携わらせて頂けるようになった。シミズ君とも、ずっと二人三脚で映像を制作し続けている。思えば、遠くへ来たもんだ……と。

さらに、この曲「闘い」は、アレマの選手入場の曲としても使用されていたのだが、バルセロナを率いていたグアルディオラも、チャンピオンズリーグ決勝のロッカールームで、選手たちを鼓舞する映像に使用したそうだ。

そして2016年、吹田スタジアムが完成したガンバ大阪も入場曲にこの楽曲を使用しだすようになったのだが、僕は、かつて、〝ミスターガンバ〟と呼ばれた元日本代表の橋本英郎選手との、思いもよらない出会いを思い出していた……。

第10節

サッカーがもたらす不思議な縁

橋本英郎（現東京ヴェルディ1969）――戦況に応じてMFからサイドバック、センターバックまで幅広くポジションをこなせる大阪市立大卒のJきってのインテリジェンスなプレーヤー。2000年代、宮本恒靖選手、遠藤保仁選手らとガンバ大阪の黄金期を牽引し、クラブW杯では、名手ファンデルサールが守るマンUからゴールを奪った元日本代表選手。

彼とは、2011年9月24日に出会うはずだった。

この日は、橋本選手の所属するガンバ大阪と、ヴァンフォーレ甲府との一戦で、僕は、ガンバ大阪の当時のホームスタジアム万博陸上競技場で、ドイツW杯で苦楽を共にした、美勇士《みゅうじ》と会った。

美勇士と橋本選手は、同じ中学の先輩・後輩で、よく近所の神社でサッカーの練習をしていた旧知の仲である。そのため、僕と橋本選手は、面識こそ無かったものの、すでに〝間接的な知人〟のような間柄であった。

この日は、美勇士の計らいで、怪我で離脱中のためスタンドから観戦予定の橋本選手と、試合前に会うことになっていた。〝ミスターガンバ〟とサポーターから愛されている元日本代表選手と、やっと初対面が果たせる、待ちに待った日なのだ。

そんな僕は、ヴァンフォーレのスポンサーである不動産会社社長主催の応援バスツアーに参加し、山梨から大阪までやって来たのであった。

それは、ヴァンフォーレが縁でつながった飲み仲間でバスをチャーターし、それぞれにビールやら焼酎やらウィスキーやら甲州ワインやらの大量の酒を持ち込み、車中では過去のヴァンフォーレのエキサイティングな試合や**綾小路《あやのこうじ》きみまろ**[a]スーパーライブをツマミにひたすら飲みまくる、朝8時出発&乾杯のバスツアーである。

僕は、親父と同じくらいの年齢ながら大親友である佐野悟氏と相席で、他の参加者があきれ返るほどに、しょーもない話で呑んだくれていた。

佐野悟氏とは、元フィギュアスケーターで、自身、若かりし日に、多くの方々からのサポートで競技を続けさせてもらっていたため、地元サッカークラブの消滅危機が他人事と思えず、2000年から無償で積極的にヴァンフォーレを支えている、ボランティアスタッフの象徴的な人である（実弟は、今やフィギュアシーズンでは、テレビで見ない日はないほど、軽妙で明快な解説でお馴染みの、インスブルックオリンピック代表、佐野稔氏）。

当時のヴァンフォーレ甲府には、3人の〝悟〟が居た。佐野悟氏、僕・小松悟、そして、GMの佐久間悟氏。

呑んだくれで与太話好きな佐野氏と僕は、GM佐久間氏との比較から、よく自分たちのことを、〝与太なほうの悟〟とか、〝ジャケットがカラフルじゃないほうの悟〟とか、〝香水じゃなく酒臭いほうの悟〟とかと名乗っていた。そんな気心の知れた、同志的なオジさんと一緒の遠足である。酒が進まないワケがない。

僕らは、ビールから始まり、甲州ワイン、芋焼酎、ウィスキーロック、そして、数本のマッコリと、

a 綾小路きみまろ●1950年鹿児島出身の漫談家。中高年のアイドル。サービスエリアで自身の漫談の入ったカセットテープを観光バスに無料配布したりした30年の潜伏期間を経て、2000年代初頭に大ブレーク。「あれから40年」のお決まりフレーズで、団塊世代の悲哀を毒っ気たっぷりにネタにし、会場を割れんばかりの大爆笑に包み込む。山梨県富士河口湖町在住で、2004年度の山梨県長者番付で2位となった。

チャンポンが過ぎるありさまであった。まだ、お日様が燦々な時間にも関わらず、顔色はすでに、ほろ酔いの朱《あか》から酩酊の青になった状態で、美勇士と万博グルメの定番・くるのたこ焼きを頬張っていたのである。

しかし、そんな折、美勇士の携帯に、橋本選手から残念なお知らせが入る。急遽、様々な予定が立て込み、試合前に会うことが出来なくなってしまったと。

ヴァンフォーレ側のゴール裏チケットの僕は、試合中にガンバ方面のスタンドの何処かで橋本選手とお会いすることも難しく、試合後は試合後で、呑んだくれバスツアーの予定もあるので厳しい。

その結果、断腸の思いではあったが、次の機会にということになってしまった。その代わりに、僕と美勇士は、サポーターゾーンにあるガンバ全選手の集合写真パネルの前で、橋本選手を指差し、初の3ショット写真を撮ることにした。

そんな大阪から、2カ月後のこと。僕は、約1カ月半かけて、欧州サッカー旅を敢行。旧ユーゴ諸国を皮切りに、ドイツ、フランスと巡り、旅の終着地・スペインに辿り着いた。

ちょうどマドリードでクラシコ（レアル・マドリード対バルセロナ）がある絶好のタイミングだったが、地方クラブに携わる人間としては、レアルやバルサよりも、ビルバオとセビージャを訪れたいと考えていた。そこで、パリから夜行列車でバルセロナ入り、そこからバスで北部バスク地方のビルバオや南部アンダルシア地方のセビージャへ、チープでダイナミックな陸路移動を計画していたのである。

しかし、そんな道中、バスク純血主義を貫くアスレティックのホームゲームを観戦したビルバオで、高熱を発症してしまう。

どうやら、試合当日の

①スタジアム周辺の老舗バルで、仲良くなったサポーターと、安くて美味な赤ワインのボトルを開け、

②バスク地方の厳しい寒さと土砂降りの雨に耐え偲びながら、〝ラ・カテドラル（大聖堂）〟の名を頂くサンマメススタジアムでサラゴサ戦を観戦。

③試合後、冷え切った体のまま、再びみんなで勝利の美酒の赤ワインを2本空ける。

が、原因のようであった。

というわけで、コンディションを考慮し、当初の予定を見直すことにした。まずは、北から南へと長距離移動を要するセビージャ行きを断念し、厳寒多雨なビルバオを後にし、温暖なバルセロナに戻る。そして、体調を整えつつ、バルセロナに一週間ほど留まり、クラシコを地元の人たちとバルで観戦しバルサのサッカー以外のフットサルやハンドボール、バスケの試合を観戦して帰国の途に就くという、オジさんの体にも優しいプランに変更したのだった。

そんな、体調も回復してきたバルセロナ滞在3日目。せっかくなので、夜のハンドボール観戦の前に市内観光に出た。一番の楽しみのサグラダファミリアは、旅のハイライトとして最終日にしようと考えていたので、その日は、同じアントニオ・ガウディの代表作の一つである、グエル公園へ行くことに。バルセロナ動物園に程近いホステルのスタッフで、合気道黒帯で親日家のアルゼンチン人・ゴンサロからオススメの行き方を教えてもらい、メトロに飛び乗ったのである。

午前11時、地下鉄3号線レセップス駅に到着。ゴンサロ情報だと、グエル公園までは駅から20分程歩くようなので、まずはブランチで腹ごしらえをすることにした。地上に出ると、反対方面に少し行った

ところに、こじんまりとしたカフェを発見。カランコロンと鳴る扉を開け、店内に入るなり、少し笑ってしまった。なんと、切り盛りしていたママが母・マキエに似た風貌で、初めまして感があまりしなかったのである。そんなママに、クロワッサンとラテマキアートを注文。

さくっと食べ終え、グエル公園に向かうつもりではあったのだが、なんかママがママだけに、実家にいるような感覚で、店内にあった現地の新聞や雑誌でバルサ情報をチェックしたり、常連のオジさんとママの楽しげな会話を眺めたりして、くつろぎモードに入ってしまう。気が付けば、50分近くも、時間を過ごしていた。

そろそろ行かねばと立ち上がると、ママが、巻き舌気味な英語で聞いてきた。

「アナタ、グエル公園に行くの？」

「はい、これから行ってきます！」と答えると、先方も自分の息子に似ていると思ったかどうかは定かではないが、「気を付けて行ってらっしゃい。行き方を教えてあげるわね」と、ナプキンに手書きのアクセスマップを書いてくれたのだった。

カフェを出て10分近く歩いたであろうか。そんな折である。

なんと、300メートルくらい前方から、ちょっとボサっとした髪に無精ヒゲを生やした〝万博で会うはずだった〟橋本選手によく似た男が、こちらへ歩いてくるではないか。

一瞬、目を疑ってしまった。いやいやいや、そんなコト、あるはずがない。ただのソックリさんだろうと。世界には、瓜二つな人間が2人存在するという。だとすれば、彫りの深い橋本選手のソレがスペインに存在しても、不思議ではない。このシチュエーションでは、そうした推測の方がよっぽど合点がいく。

しかし、であった。近づいてくればくるほど、まぎれもなく橋本選手なのである。いったいぜんたい、今、何が起こっているんだ？　少しパニックを催した。

美勇士の壮大なドッキリなのか？　イタズラ好きなアイツが、あえて大阪で肩透かしを食らわせ、バルセロナの道端で奇跡の対面を果たさせるという。

そして、さっきの母マキエに似たママは、スペインで手配した仕込みなのか？　いやいやいや、そんな大掛かりな仕掛けを企てるはずがなかろう。**小野ヤスシ**[a]か誰かが司会のドッキリ特番にしても、不景気で番組制作費が削られている昨今、そんな攻めた企画、即却下であるにちがいない。そもそも、まったくの素人の僕をドッキリして何がおもしろいのか？

はたまた、デヴィッド・リンチ的な世界に迷い込んでしまったのか。だったら、今、ここに存在する自分は、一体、何者なんだ？　なぜバルセロナに居る？　自分が記憶している今までの人生は、夢や幻想だったのか？　諸々、逡巡した結果、現実を現実として、ありのまま受け入れることにした。今、まさに、こちらに歩いて来る男は、橋本選手なんだと。とにかく呼び止めて、事情をお伺いしようと。

そして、すれ違いざま、声を掛けてみることにした。

「橋本選手ですか？」

「はい、そうです」

a 小野ヤスシ●1940年生まれ。ザ・ドリフターズの初期メンバー。軽妙な語り口とユニークなキャラクターで、バラエティ番組の司会やレポーター、バイプレーヤーとして、お茶の間で人気を博す。初期の『スターどっきり㊙《マルヒ》報告』（フジテレビ系）では、アイドル寝起きどっきりのレポーターとして、多くの視聴者を興奮させた。自称〝鳥取が生んだスーパースター〟。

一瞬、怪訝そうな顔をした後、低温度な答えが返ってきた。それはそうだろう。プライベートの旅行中に、いきなりテンション高めに声を掛けられたのだから。あまり関わりたくないのが本音だろう。しかも、僕の存在と名前は知っていても、数カ月前の初対面は実現していない。

僕の方こそ、怪しげなスペイン人に間違えられても不思議ではない。すかさず、自分の名前を名乗った。

「小松です！　美勇士の友達の小松です！」

少し警戒心を含んだ橋本選手のポーカーフェイスが、一転、テンション高めなビックリ仰天顔に変わった。

「いやー、こんな所で会うなんて、めっちゃ奇遇っすね！　じつは昨日、美勇士からメールをもらったばかりなんすよ！」と、興奮気味に教えてくれた。

ちょうど、前日、橋本選手の【来シーズン、ヴィッセル神戸への移籍】がリリースされたという。それを受け、美勇士から、「新天地でも頑張ってね！」というメールをもらったとのことだ。

少し興奮が収まったところで、ふと、ある疑問が浮かんできた。今は12月の中旬である。Jの盟主・ガンバ大阪、この時期は天皇杯が佳境なのではないのかと。なぜ、まだ契約が残っている主力選手が、バルセロナの街角にいるのだろうか？と。

さすがは、日本でも屈指の頭脳派選手である。僕の疑問を察知したかのように、こちらが質問をする前に、その答えを教えてくれた。

「じつは、（天皇杯3回戦）水戸ホーリーホック（J2）に、延長で2−3で負けちゃったんすよ。それで、年明けの旅行の予定を前倒しして、今、ヨーロッパに来ているんです」と。

なるほど。天皇杯3回戦が行われていた時は、ちょうどサラエボに居て、あまり日本のニュースをチエックしていなかったので、そんなジャイアントキリングが起きていたとは、露ほども知らなかった。ということは、ガンバが順調に勝ち進んでいたなら、そもそも、この時に、橋本選手がバルセロナに来るなんてことは、到底あり得なかったということだ。

「奇遇じゃなくって、運命ですね！」

お互い、笑い合った。そして、日本でも会いましょうと約束をして、僕はグエル公園へと、歩を進めたのだった。

振り返ってみると、この出会いには、多くの暗示のような伏線があったように思えてならない。

まず、敬愛するオシムさんの母国ボスニアに行こうと東欧サッカー旅を計画したのが、この旅の出発点であった。次の国モンテネグロの首都ポドゴリツァでは、モンテネグロ代表の試合を観戦した。

一方の橋本選手は、オシムジャパンの時に代表初選出を果たし、デビュー戦はキリンカップでのモンテネグロ代表戦。

そして、リールに行く際に拠点にしていたパリのホステルで卒業旅行に来ていた日本人の3人組と仲良くなった。彼らは、橋本選手の母校である大阪市立大学の4回生。

さらに、バルセロナのホステルで仲良くなったのは、世界一周の旅をしていた大阪市立大学3回生のホリイ君。同じく世界一周の旅の途中だったガンバ大阪サポーターのサカタさん。

加えて、橋本選手と出会う前日、カンプノウのスタジアムツアーで仲良くなったのは、兵庫県在住でヴィッセル神戸のサポーターの新婚カップル。橋本選手のヴィッセル神戸への移籍がリリースされた同日である。

その時々は、まったく自覚がなかったのだが、あまりにも橋本選手と符合する何かを起こしているのだ。
そして、この暗示は、どうやら、すでに、〝あの時の〟万博陸上競技場から始まっていたようだ。
美勇士と僕とで、ガンバ大阪の選手集合写真パネルで橋本選手を指差し撮った記念写真。よくよく、その写真を見返してみると、僕が着ていた水色のTシャツが、なんと、Desigualというバルセロナのブランドだったのだ。しかも、そのTシャツには、シルバーの手書きペイントで、バルセロナと書いてある。
この一件を、ただの偶然や後付けだと片付けてしまえばそれまでなのだが、僕達は、バルセロナの道端で出会う運命だったと信じることにした。そして、何故、大阪ではなくバルセロナだったのか？ そこにも、きっと何かしらのメッセージが隠されていて、ゆくゆく判明していくような気がしてならない。
そんな解釈のほうが、人生がいっそう面白く思えてくる。
もしも、僕がビルバオで風邪をひいていなかったら、
合気道黒帯のゴンサロがグエル公園への幾つかある違った行き方を教えていたら、
レセップス駅近くの母親に似たママのカフェで50分も過ごしていなかったら、
橋本選手もグエル公園からの帰りに同じ最寄り駅を目指していなかったら、
そもそも、ガンバ大阪が天皇杯3回戦で水戸ホーリーホックにまさかの敗戦を喫していなかったら、
僕と橋本選手が彼の地で鉢合わすことなど、ありえるはずもなかったのだから。
大阪のスタジアムで出会うはずの2人が、バルセロナの道端で出会うという確率。それは、天文学的という形容詞ですら収まり切らない数値かもしれない。そんな、サッカーがもたらす縁を感じずにはいられない、橋本選手との奇妙な初対面であった。

第11節

絶対的エースとその妻

思い出と縁深き楽曲とともに、選手が入場してきた。

190センチのキコの青く染め上げた鶏冠が、小柄なインドネシア人選手が多いアレマの中で、文字通り、頭一つ抜け出していた。モッシは、低音でドスの効いた選手紹介で案内された通り、ベンチスタートのようだ。

モッシは、加入後の数試合は、スタメンでゴールやアシストも決めて主力としてチームに貢献していたのだが、ここ最近では、ジョコ・スシロー監督による「意味不明な采配」（ナツ談）により、途中出場が多いという。

このチームの絶対的エースは、僕と同い歳で誕生日が3日違い。御年40歳になる〝El Loco《狂人》〟こと背番号10のクリスチャン・ゴンザレス。

上背は176センチとそれほどでもないが、金髪にした**竹内力《たけうちりき》**[a]かと思わせるVシネの帝王然とした凄みのある顔立ちと、**寺門《てらかど》ジモン**[b]かと思わせるネイチャー然とした体躯で、相手DFを制圧する、アレマの点取り屋だ。

ウルグアイ出身ではあるが、インドネシア人女性と結婚し、帰化してインドネシア代表としても長らく活躍していた、過去4度の得点王にも輝いた重鎮である。

僕は、初めて生で見るゴンザレスの、噂に違わぬスゴいオーラに、思わず、「ゴンザレス、ヤベェ」と声をあげてしまった。

すると、「2列上のあの女性が、ゴンザレスの奥様よ」と、ナツが教えてくれた。僕は、再び、「ヤベェ」とつぶやいてしまった。

そのゴージャス感と肝っ玉感が渾然一体となった、唯一無二な風貌と佇まい。そして、旦那に引けを取らない、圧倒的な存在感。一瞬にして、ハートを鷲掴みされてしまったのだ。なんて、キャッチーなキャラクターなんだと。

しかも、ナツ曰く、このゴンザレス嫁も、インドネシアでは超有名人であるらしい。彼女の言葉を意訳すると……有名選手宅、突撃訪問！的な、**ヨネスケ**[c]と**渡辺篤史**《わたなべあつし》[d]を足して2で割って、**宮尾**《みやお》**すすむ**[e]をまぶしたようなインドネシアの人気番組に、ゴンザレス嫁が出演した際のこと。あまりの大豪邸に驚いたレポーターが「部屋数はどのくらいありますか？」と質問したところ、「いっぱいあり過ぎて分か

a **竹内力**●『難波金融伝ミナミの帝王』や『岸和田少年愚連隊カオルちゃん最強伝説』など、Vシネマ界のトップに君臨するリーゼント俳優。また2016年より始まった初冠番組『竹内力、始めました』（チャンネルNECO）では、〝初めての体験〟をテーマにコスプレや保育士、ヒップホップ等に挑戦。Vシネに負けず劣らずの強烈な個性が炸裂している。

b **寺門ジモン**●ダチョウ倶楽部きっての変人。もはやお笑いの人という側面より、芸能界一のグルメ通、肉通、グッズマニア、オオクワガタマニアとして界隈では有名。また自然をこよなく愛し、「ネイチャージモン」として、年に何度も山籠りを敢行している。そのため、独自に考えた肉体鍛錬を30年間欠かさず続けている。この人の件は、200字以内ではお伝えし切れない…。

c **ヨネスケ**●1948年千葉県出身の落語家、タレント。1985年からスタートした日本テレビ系ワイドショーの名物コーナー『突撃！隣の晩ごはん』のレポーターとしてお馴染み。大きなしゃもじを持って全国の一般家庭にアポなし突撃するスタイルで、長きに渡り、お茶の間で親しまれている。自称〝しゃもじを持った日本一の不法侵入者〟。

d **渡辺篤史**●1947年茨城県出身の俳優、ナレーター。30年以上続く長寿番組『渡辺篤史の建もの探訪』（テレビ朝日系）では、その温かく味わい深いレポートで多くの根強いファンを持つ。また、このキャリアを買われ、神戸芸術工科大学環境・建築デザイン学科の客員教授を務めた。が、コンクリート打ちっ放しの自宅は「冬は寒くて夏は暑い」とのこと。

e **宮尾すすむ**●1934年、満州生まれ鹿児島育ちのタレント、司会者。右手の平を右アゴの前に勢いよく出す『ハイッ！』のポーズが代名詞。『モーニングショー』（テレビ朝日系）の大人気コーナー『宮尾すすむのああ日本の社長』では、全国各地の叩き上げ社長をヨイショ満載で密着取材し、苦労話や成功秘話等を聞き出したり、豪邸や家族を紹介したりした。お調子者風情だが、下ネタはしない主義だった。

らないわ～」と無邪気に答えたそうだ。その時の受け答えが、お茶の間で大ウケとなり、旦那同様、一躍、その名を轟かす人物になったとのことだ。

こ、これは！　と思った。

そのキャラクターとエピソード……。ニアリーイコール落合博満夫人・信子さんではあるまいかと。

そんなインドネシアの**信子夫人**[a]が、目と鼻の先に居る。しかも、家族席という同じグループとして。僕は、すごく興奮した。こんなチャンス、なかなか巡ってこないと。

そして、ナツに懇願した。

「ハーフタイムになったら、彼女にご挨拶させてほしい」と。

ナツは、「分かった、トライしてみるわ」と、了承してくれた。

そうこうしていると、インドネシア国歌斉唱の段になり、スタジアムＤＪに促され、スタンド席の全員が起立することに。

そのタイミングを利用して、僕は、もう一度、ゴンザレス嫁をチラ見した。すると、バチッと目が合ってしまったのだ。思わず、反射的に会釈をすると、なんと、彼女も少し微笑みながら会釈を返してくれたのである。そんなこんなで、試合前、僕は色んな意味で、ワクワクドキドキが頂点に達していたのだった。

そのとき会場を埋め尽くした満員のアレマニアとアレマニタは、インドネシアでもポピュラーなチャントをアレマ用の歌詞にした、♪アレマシンゴ・エダンを、ダイナミックな野球拳っぽい動きや、ケチャを彷彿とさせる身振り手振りを交え、高らかに歌い始めた。

♪アレマ、アレマは、狂ったライオン（シンゴ・エダン）だ
狂ったライオンだ、俺たちアレマニアは
この時間は、俺たちアレマが勝つためにある
テメェーら、ファックユー、ぶっ殺してやるぜ

2点差以上で勝たなければ決勝に進めない、運命の一戦。スタジアムのアレマニアとアレマニタの熱気と興奮も、最高潮であった。

ピッチ中央では、選手たちが円陣を終え、各ポジションに散っていく。

その瞬間、アレマの配置を見て、思わず目を疑ってしまった。ジョコ・スシロー監督が目指すのは、バルサの4―3―3のはずだ。

当時のバルサスタイルとは、コンパクトな陣形で、選手それぞれの距離感も近い。それによって、ボールを保持しながら、ショートパスからのテンポの良い崩しが出来る。もし仮にボールを奪われたとしても、そのコンパクトな陣形によって、すぐさま相手のボールホルダーにプレスにいける。そして、ボールを奪ったらショートカウンターを発動する。

a 信子夫人●落合博満氏の9歳年上の姉さん女房。巧みな亭主操縦術で、旦那を3度の三冠王獲得、プロ野球史上初の1億円プレーヤー、さらには名将へと育て上げた。著書に『悪妻だから夫はのびる―男を奮い立たせる法』『天下の悪妻「亭主しつけ法」』『悪妻だからまだ夫はのびる―男への鞭の入れ方』の〝悪妻〟3部作と、旦那の帯のコメントもグッとくる名著『一心同体―愛と人生、成功のセオリー』がある。

とかく、バルサ・スタイルは、華麗なパス回しに目がいってしまうが、実は、奪われた後の守備、すなわち、攻から守への切り替えの早さも、非常に重要な要素である。翻って、今、目の前にあるアレマ・スタイルは、とにかく間延びしているのである。選手間の距離も、非常に遠い。特に、つけ込まれやすい中盤の底・アンカー（ブスケツの位置）の前後左右には、かなりのスペースが存在しているではないか。

こんなんで、ショートパスを多用した華麗な崩しや、素早い攻守の切り替えが出来るのか？　思わず、「大丈夫？」と、つぶやいてしまった。

そんな不安がよぎる中、いよいよ試合が始まった。案の定であった。開始早々から、防戦一方である。瀬戸際のところで、キコを中心としたDFラインが必死に跳ね返すも、スカスカな中盤ゆえ、セカンドボールを拾われまくる。たまにボールを持てたとしても、選手間の距離感が悪いため、前線のゴンザレスにアバウトなロングパスを繰り出すだけである。

これは、バルサではない。ただ、選手の並びが同じなだけで、全くの別物である。インドネシアの伝説的な選手であったスシロー監督には申し訳ないが、〝こんなん、ただのファッションじゃないか〟と、心の中でムカムカしていた。

そんなこんなの、前半10分。突如として、スシロー監督が動いた。僕は、再び、目を疑った。なんと、いきなりの2枚替えである。モッシが右の攻撃的MF、もう一人が左サイドバックと交代のようだ。

思わず、隣のナツに振り向くと、〝ほらね、ワケ分かんないでしょ？〟といった仕草で返してきた。

そして、「でも、5人まで交代枠があるから、まぁ良いんじゃない？」と、つぶやいた。

なるほど。てっきり、交代枠は3人までと思っていたが、5人であれば、積極的なベンチワークも無くはないハナシか。一瞬、納得しかけたが、いやいやいや、にしても、前半10分での2枚替えは早過ぎるだろう。

日本でもインドネシアでも、スシローは、回転が命です!?

そんなモノで整っている場合ではない。これは、なぞかけではなく、大一番なのだ。ところが……。状況は一変しだしたのだった。代わって入ったモッシとサイドバックの選手が、しきりにDFラインを上げるように指示を出した。両手でコンパクトにというジェスチャーを交えて。

きっと、相手の高さと速さを兼ね備えた2人のブラジル人アタッカーを恐れて、いつもよりDFラインを下げてしまっているようであった。

スカウティングに忠実になり過ぎて、あまりにも慎重に試合に入った結果、本来の自分たちの姿を見失い、劣勢を余儀なくされる。〝自分たちを信じろ。相手をリスペクトし過ぎるな〟。よくハーフタイムのロッカールームで発せられる言葉だ。

モッシは、キコに、「もっと勇気を持って、いつものようにDFラインを高く保とうぜ」と伝えているように思えた。

すると、グッと選手の距離感が良くなり、急にパスが繋がるようになったのである。そして、相手へのフォアチェックも出来てきて、セカンドボールも拾えるようになってきた。

「あっ、少しバルサっぽくなった」

そのチームの中心は、紛れもなくモッシであった。的確なポジショニングで味方からのパスを引き出すと、テンポ良く適所にパスを散らしたり、ドリブルやダイレクトプレーで相手を翻弄。名前はメッシのバッタモンっぽいが、プレーは絶好調のイニエスタを彷彿とさせた。それだけ、彼の活躍は出色ものだった。果たして、形勢不利な状況を好転させた修正力を評すべきか、最初からモッシを使わない起用法を質すべきか。もはや、スシロー監督が名将なのか迷将なのか、非常に悩ましい限りであった。

何はともあれ、アレマに、得点の匂いがプンプンしていた。スタジアムに響き渡るチャントも呼応するように、一段とボリュームと一体感を増していく。

そんな、モッシが出場してから7分後。3トップの一角に入っている、ディ・マリア的なプレーで、〝マドリード〟の愛称で親しまれているアルゼンチン人FWビスカッラが、ペナルティエリア内で倒され、PKを獲得した。

キッカーは、言わずもがなの、絶対的エース・ゴンザレス。

僕は、ふと、こういう場面で、選手の家族は、どんな心境なのだろうかと気になった。

そして、みたびゴンザレス嫁を見上げることに。すると、そこには、予想外の姿があった。あの肝っ玉な佇まいとは裏腹に、目の前の光景、サポーターの声援を完全シャットアウトするかのように、ピッチから目を背け、両手で耳を塞ぎながら、不安に押しつぶされそうな表情で、シートにうずくまっていたのである。

少し胸を締め付けられた。きっと、嫁も一身に背負っているにちがいない。この1点の重要性を知る、インドネシア随一のサポーターの期待と重圧を。数え切れないくらいの部屋数の大豪邸と引き換えに。スーパースターの嫁の苛烈な宿命を、少しだけ垣間見た気がしたのだった。

ピッチに目を向けると、騒然とした雰囲気の中、ゴンザレスが、右側にやや長めの助走を取り、腰に手を当てながらスタンバっていた。

しばらくして、レフェリーの笛が鳴る。ゴンザレスは、一呼吸置いたあと、猛然と走り出し、左足を振り抜いた。直後、ボールは、キーパーの逆をついて、ゴール右隅に突き刺さる。

その瞬間、スタジアムはドカーンと沸き、興奮と歓喜の坩堝と化した。

すぐさま、右斜め上方に目をやってみる。すると、さっきまでの姿が嘘のように、立ち上がって、旦那めがけ、愛らしきものを叫びながら、大きな投げキッスを繰り返しているのだった。そして、近くの席の人たちから、次々に祝福の言葉をかけられていた。

スタジアムの喧騒をよそに、〝ゴンザレス嫁〟という職業も大変なんだなぁと、僕はその光景を眺めていた。

何はともあれ、前半の早い段階での、大事な大事な先制点である。

モッシが入って以降の試合展開を鑑みると、3―0か4―0くらいで勝てそうな雰囲気になってきた。さぁ、この調子で、決勝進出決めようぜと、スタジアムのボルテージも、さらに高まっていった。そんなイケイケに思われた、前半20分過ぎ。予期せぬ事件が起こる。

モッシがサイドでボールをキープしていると、相手MFが猛烈な勢いで、背後から蟹挟みタックルをかましたのであった。

一瞬、背筋が凍った。一歩間違うと、選手生命をも奪ってしまうかもしれない、危険極まりないプレーである。すると、普段は冷静沈着で、〝ベッドの上では一度もチェンジをしたことがない〟男が、烈火のごとく加害者に駆け寄っていった。そして、怒りの形相でまくし立てている。

それをきっかけにプレーが中断し、両軍乱闘の様相を呈した。その渦中に、レフェリーがやや遅れて

運命の決戦前のセレモニー。数百人の手で巨大なインドネシア国旗がピッチ上に掲げられた

到着。まずは、両軍を分けて落ち着かせることに腐心した。すると、おもむろにポケットからレッドカードを取り出したようだ。

妥当な判断だと思った。あんな危険なタックルをかましたんだから、少なくとも2試合以上の出場停止処分は免れないだろうと。そして、この戦況で相手が1人少なくなると、アレマの決勝進出は確実だろうとも思った。

しかしなんと、レフェリーが駆け寄りレッドカードを提示したのは、加害者の相手選手ではなく、被害者のモッシのほうだった……。

そして、相手にはまったくのお咎めナシである。モッシの報復行為⁉ いやいや、彼は手も出していないし、相手に詰め寄って、注意をしただけだ。きっと、紳士的な彼のことである。「そのプレーは危ないじゃないか？ 今度やったら、承知しないからな。分かったか」程度のことをまくし立てて言っていたに違いない。

それよりも何よりも、あんな危険なタックルをかましたヤツに、なぜカードの一枚も出ないのか？

「ふざけんな。八百長じゃねぇか、こんなもん」

こう見えて、カードには縁が無いはずのハンドボールのキーパーというポジションながら、審判へのクレーム等で生涯4回ほどイエローカードをもらったことのある僕は、思わずピッチに向けて大声で叫んでしまった。

それを見兼ねた、半ば呆れ顔のインドネシアのコバヤシが、「まぁまぁ、落ち着いて」となだめてくれたのだが、僕は、心の中で、沸々と怒りがこみ上げてきていた。

こんな茶番で、試合をぶち壊すんじゃねぇ。

レッドカードを出すべきは、どう考えても、悪質なプレーをした相手じゃねぇか。

モッシは、自分の選手生命を守るため、正当な抗議を行っただけじゃねぇか。

百歩譲って、喧嘩両成敗で双方イエローなら、まだ分かる。なんで、モッシだけがレッドなんだよ、バカヤロー。

抑えきれず、再び吐き捨ててしまった。

「ファック!!!」

何かしらの忖度があったのか、レフェリーと相手方の監督がお友達だったのかは、定かではない。得てして、純粋で一生懸命な人間ほど、割を食うハメになる。世の中は、そんなモノなのかもしれない。

でも、そんな世の中は、ポイズン以外の何ものでもない。

ただただ、胸クソが悪かった。

そして、この僕も、モッシのプレーを、たった10分しかチェックすることが出来なくなってしまった。はるばる日本からやって来たというのに。

少し怒りが収まってきた、前半30分。急に、両チームの選手達が引き上げてきた。もしや、さっきのモッシの判定が覆るのか? 淡い期待を抱いたが、まったくの見当違いであった。

選手の消耗度を考えて、この大会は30分と75分に、それぞれ2分ずつの飲水タイムがあるのだそうだ。熱帯気候ならではの、〝インドネシアサッカーあるある〟ルールなのであった。ナツが解説してくれた。

飲水タイムが終わると、完全に流れが相手チームへと移ってしまった。モッシが居ない10人のアレマは、再び、中盤スカスカの防戦一方に戻ってしまった。そんな前半34分。キコを中心にギリギリ耐えていたアレマだったが、ついに同点にされてしまう。

左コーナーキックから、ファーで体を折りたたむように飛び込んできた、フリーのブラジル人DFに頭で合わせられ、1－1。

その刹那、スタジアムは、しめやかな通夜のごとく、シーンと静まり返ってしまった。1人少ない状況でのこの失点は、初戦を落としたチームにとってはあまりにも痛すぎると、アレマニア／アレマニタは、嫌というほど分かっていたからだ。

再び見た嫁も、頭を抱え、言葉を失っていた。さらに続けざまにピンチを招く。相手の勢いを凌ぐのにいっぱいいっぱいである。

次の一発を浴びると決勝進出の道が、ほぼほぼ閉ざされてしまう。そんな悲壮感に似た空気が充満していた。

なんとか凌いで、ハーフタイムに突入してほしい。みんなが、そう願っていた前半41分。理不尽なモッシの退場による危機的な状況に、突如として光が差し込んだ。

攻め続けられるアレマDFの苦し紛れのクリアが、相手のペナルティボックス付近にいくと、ゴンザレスの凄みあるチェイスにビビったのか、相手DFが中途半端なクリア。

すると、そのセカンドボールを、3トップの一角を務めるベテラン快速FWサムスルがかっさらい、ドリブルで右サイドを深く抉ってセンタリング。

ファーで待ち構えていたのは、やはりこの男だった。絶対的エース・ゴンザレス！

元チリ代表サモラノを彷彿とさせる滞空時間の長いジャンプで、金髪ヘッド一閃！　相手DFと競り合いながらも、ゴール左隅に叩き込んだ。

その瞬間、重く沈んだスタジアムが、絶叫と発狂で大きく揺れた。

さらに、ゴンザレスが、コーナー付近のライオンのぬいぐるみ前で、ムスリム様式のお祈りを捧げるゴールパフォーマンスを披露すると、スタジアムの興奮は、最高潮となった。

すべてのアレマニア／アレマニタは知っているのだった。ゴンザレスが、敬虔なムスリムである愛妻のために、イスラム教に改宗したことを。スタンドの嫁も、再び、旦那に向けて、大きな投げキッスを繰り出していた。独り身になったばかりの僕には、そんな風景が、いたく心に沁みいった。

そして2―1のまま、喜怒哀楽渦巻く、激動の前半が終了したのであった。

第12節

82万人の期待と重圧

前半終了後、すかさず、ナツが話しかけてきた。

「ゴンザレスの奥様のところに行きましょ！　今なら、きっと大丈夫よ！」

確かに、これ以上ないチャンスだ。

劣勢な状況にあって、旦那が、前半だけで2得点の大活躍である。数分前の姿を鑑みるに、気分はノリノリなはずだ。そうとなれば、いつもの善は急げだ。さっそく、〝インドネシアの信子夫人〟こと、ゴンザレス嫁のもとへ、ご挨拶に伺った。

すぐさま、ナツが僕のことを紹介してくれた。

「奥様、彼はモッシとキコの友達で、この試合を観に日本からやって来たサトルです」

僕も続いた。「はじめまして。サトルと申します」。

すると、嫁から弾けた笑顔が返ってきた。

「あら、アナタ、日本人？　ワタシは日本がとっても大好きなのよ。エヴァよ、よろしくね」

予想通りなご機嫌ぶりと、予想外だった大の親日ぶりに、その場は和やかなムードに包まれた。そして、エヴァさんは、僕たちに、イメージに違わぬ溢れんばかりの肝っ玉感を炸裂させた。

「アナタたち、お腹空いてない？　コレ、食べない？」

大きなバッグから取り出したのは、ランプールというバナナの葉で包んだ、インドネシアのちまきのようなものであった。家族席のみなさん用に、エヴァさんが用意してきたものらしい。ご好意に預かり、その場で戴いてみると、これが、ホントに美味であった。

ココナッツオイルでコーティングされた艶やかな俵型のもち米の中に、鶏そぼろがぎっしりと詰まっていて、絶妙な甘辛さなのである。

「うまい、うまい」と頬張っていると、「はい、もうひとつ」と、エヴァさんがバッグから取り出した。

礼を言い、再び、「うまい、うまい」と食べていると、わんこランプールよろしく、すかさず、「はい、どうぞ」と、3つ目が差し出されたのだ。

ビッグネームからの3つ目の御呼ばれ……。

その瞬間、似たようなシチュエーションの思い出が、ふと脳裏に浮かんできたのだった。

それは、27歳の頃。芸能界で幾つかある軍団の中で、最も硬派で刑事が似合う軍団が出演する保険のCM撮影時のこと。僕はその日、軍団の方々のうしろで芝居をする演者の皆さんのケアや演技周りを担当する、現場のみのヘルプ的なポジションであった。

前日に、上司のプロデューサーより、先方の用意して頂いたお弁当やおはぎをいっぱい食べると喜んで頂けるという忠告を授かり、現場に臨んでいた。

昼食時。今まで見たこともない、二段の豪華トッピングな津多屋の弁当が振る舞われた。話によると、1個2000円するらしい。それを、美味しそうに食べていると、軍団サイドのベテランスタッフの方にお声掛け頂いた。

「兄ちゃん、若いから、もう一つ食べるかい？」と。

そんなに若くもないし、早く現場に戻りたかったが、アドバイスを思い出し、2個目のお弁当も平らげさせて頂いた。

するとﾞ、また同じ方がやって来た。

「おい、兄ちゃん。もう一個余ってるけど、3つ目は食えるか?」と。

さすがにお断りしようと思ったのだが、件のプロデューサーが、いたずらっぽい目でゴーサインを出している。これも大事な任務だと思い、合計6000円相当分の弁当を、美味しそうな表情そのままに、胃袋の中に詰め込ませて頂いた。

すると、その方が、嬉しそうな顔で、再び近付いてきた。

「兄ちゃん、いい食べっぷりだ。気に入った。名前は、なんて言うんだい?」

「小松と申します」

「そうか、こまっちゃん、よろしくな」

その結果、午後からは、現場で、〝兄ちゃん〟ではなく名前で呼んで頂けるようになった。

さらには、撮影後、「おい、こまっちゃんも乗ってけよ」と、先方の軍団だと一目で分かる外観のハイエースで、自宅近くまで送って頂いたのだった。

そんな、懐かしい撮影エピソードを回想しながら、3つ目のランプールを完食すると、予期せぬ展開が待ち受けていた。

なんと、インドネシアの信子夫人が、「サトル、私たちと一緒に観戦しましょうよ!」と誘ってくれたのだ。

ナツも、「良かったじゃない!」と、親指を立てて、笑みを浮かべた。

というわけで、急転直下、恐れ多くも、僕はハットトリックのかかるチームの絶対的エースの一家と、運命の後半戦を観戦することになったのであった。

ゴンザレスファミリーは、以下の通りだ。

僕の右隣の席には、アレマカラーの青い無地のTシャツを着た、ゴンザレス息子（推定10歳）。わんぱくそうな風貌と体格は、まさに幼き日の**フクシ君**[a]を彷彿とさせた。何より、その髪型が、本家のくるくるパーマをも凌駕する、非常にアグレッシブなものだった。サイドをやや刈り上げ、毛量の多いトップはツンツンと立たせ、背中くらいまで後ろ髪を伸ばしているのだ。いわば、元ヤン両親仕立てのゴージャス版、はたまた、**ライデン湯澤《ゆざわ》**[b]へのオマージュなのか。しかし、そんな見た目とは裏腹に、大人しくて穏やかなお子さんであった。

生粋のお坊っちゃまだけにしか醸し出せない、〝幼稚舎から慶應です〟的な品の良さを感じさせるのである。大事に抱えている黒いカルバンクラインのバッグには、ニンテンドーDSとスナック系のお菓子が入っているようだった。そんなネシアのフクシ君の右隣は、〝信子夫人〟エヴァさん。

そして、エヴァさんの右隣は、パパのガッツポーズ姿の写真が星型にプリントされた青いTシャツを身にまとった、ゴンザレス娘（推定6歳）。ちょっとお疲れ気味な娘は、兄のフクシ君とは対照的に、ややヒステリックな様子であった。見た目はエヴァさん似であったが、体幹がしっかりしたブレない動きで駄々をこねている姿が、圧倒的なフィジカルを誇る父親のウルグアイ的なDNAを感じさせた。

a フクシ君●落合福嗣。1987年生まれ。信子夫人が42歳の時に出産した落合家の可愛い一人息子。『週刊プレイボーイ』でコラム連載中に、キャバクラで「コラマーです」と自己紹介した逸話をもつ。現在は、声優として大ブレーク。多くのアニメ作品などで活躍している。著書に『フクシ伝説 うちのとーちゃんは三冠王だぞ！』がある。

b ライデン湯澤●聖飢魔Ⅱの4代目ドラム。現在は、おそらく10万53歳。敬称は殿下。公式ホームページによると、「無類のゲーム好きで麻雀やTVゲーム、ボーリングは大魔王公認のライセンスを持つ」。さらには「推理小説を読んだり、F1や落語を観るのが好き」で、「曲調や曲の細かい構成をいつもしっかりと把握しているので〝庶務二課〟と呼ばれている」。端的に言うと、娯楽好きなしっかり者の悪魔。

そんな娘に、笑顔で挨拶をした瞬間、凄みのある睨みを利かされてしまった。きっと、こちらのほうも、父親譲りに違いない。

もう1人、アレマのU—19でFWをしている前妻の息子さんが居るようだが、少し遠い席で観戦していたことと、ここではエヴァさんの手前も考慮して、ノータッチとさせて頂く。

そうこうしていると、ピッチに次々と選手が出てきた。

思いもよらぬ展開になったハーフタイムも終了し、いよいよ、運命の後半戦が始まろうとしていた。

現在のスコアは2—1。ホームとアウェイのスコア合計は3—3のイーブン。

次の1点が、非常に重要になってくる。

①もしアレマに次の1点が入った場合……
1人少ない中、とにかくみんなで守り切れば、決勝進出が叶う
②もし相手に次の1点が入ってしまった場合……
アウェイゴールの関係で、アレマは、最低でももう2点取らないと、決勝進出が叶わなくなってしまう
③お互い無得点のまま後半が終了した場合……
ハラハラドキドキなPK戦での決着となる

モッシの不可解な退場で10人となったアレマ。ホームと言えど、劣勢には変わりない状況である。

しかし、苦境にあるチームを、自分達の応援で後押ししようとするアレマニアとアレマニタの♪アレマシンゴ・エダンで、スタジアムは前半以上に一体感に包まれていった。

そんな中、後半がキックオフされる。

開始早々は、お互いの思惑が色濃く出る、スリリングな展開となった。

数的優位を生かし、早くトドメとなりうるゴールを奪おうと攻勢に出る相手に対し、数的不利を鑑みて、何とか凌ぎながらゴンザレス頼みの一発カウンターを狙うアレマ。

アレマは、最悪の最悪、後半を何とか無失点に抑え、PK戦に運命を委ねるという現実的な選択肢も視野に入れているようにみえた。しかし、後半15分くらいから、熱帯気候による蒸し暑さと前半の激闘が相まったのか、両チームの運動量がぐっと落ちてしまった。

その結果、お互いの陣形が間延びしてしまい、大味で雑な試合展開になってきてしまう。とかく、中盤には広大なスペースがあり、チームによる崩しはほとんどなく、一点突破、まずはボールを持った選手が、無闇やたらに真っ直ぐ突っ込んでいっては、相手の守備に立ち塞がれるという場面が目立つようになる。

そして、そこかしこで、1対1のバトルとなり、ファウルまがいのフィジカルコンタクトや危険なタックルが増え、さながら格闘技を見ているような感覚に陥ってしまった。

しかし、そんな光景に、サポーターは大いに盛り上がるのだ。ぶつかり合えばぶつかり合うほど、削り合えば削り合うほどに。表現が正しいかどうかは分からないし、他の東南アジア諸国で例えるのもいかがなモノなのだが、まるで、タイのラジャダムナンでムエイタイを観ているようであった。

正直に告白すると、僕は、そんなアレマニア／アレマニタに、少しムカついていた。

〝なんで、こんな壊れちまったサッカーに熱狂してんだよ〟と。

もちろん、サッカーの中身云々より、この試合は結果が最重要である。ワンプレーワンプレーに熱がこもり、リアクションが大きくなるのも納得がいく。サポーターは、決して、選手に自分の人生を乗っけてるわけではない。愛する郷土のクラブのために、選手と一緒に戦っているのだ。もはや12番目ではなく11番目の選手として。とは言うものの、こうしたプレーに熱狂するには、もっともっと根元的なインドネシアだからこその理由があるのではないかと思った。

僕は多くの国々や地域で数多くのサッカーを観てきて、何かしら、その土地の文化や歴史、そこに住む人たちのＤＮＡが、サッカー観に少なからず影響を及ぼしているように感じていた。それは、一体、何だろう。思いを巡らせた。オランダから独立を勝ち取った勇敢さと誇りに起因しているのか？　ひょっとしたら、それも一理あるかもしれない。でも、その解釈は一歩間違うと80万人の命を奪った戦争を肯定する方向に向かいかねないし、日本もインドネシアとは浅からぬ歴史もあるので、そこで結論付けたくはない。

というよりも、経験上、もう少し身近な、生活に根付いた理由があるのではないか。そんなことを考えていると、滞在期間も少なく、たかだか1試合観ただけで、分かったつもりになるのはキケンなことなのだが、とある光景が思い浮かんだのだった。

それは、ポンコツ自転車でカオスな道を走行していた時のことである。

老若男女、ほとんどのスクーターが、少しでもスペースがあれば、そこに割って入ろうとアグレッシブに仕掛けてくるのだ。車間距離や譲り合いなどお構いなしに。とにかく、我れ先にスペースに飛び込んで行ったもん勝ちなのである。

大なり小なり、他のアジア諸国でもある事象だとは思うのだが、インドネシアは、とかく甚だしかった。そんな肌感覚から、浅はかな見解は承知の上で言うと、何かこのようなインドネシア人のスクーター文化におけるメンタリティも、少なからず影響しているのではないかと思ったのだった。

縦へのスペースをめぐる局面局面のせめぎ合いに、本能的に血が騒ぐのではないかと。まぁ、そんな何の裏付けもない僕の推察はさておき、ピッチでは、ずっと、大雑把でラフな、格闘技のような試合が繰り広げられているのであった。

そうした中、キコのプレーに目をやると、チーム状況やゲーム展開で致し方ない部分はあるにせよ、とにかく粗いプレーが目に付いた。特に後半になると、一歩間違うとレッドカードになりそうな危険なプレーがあったり、カバーリングを気にするあまりディフェンスラインの統制を乱したり、味方選手との意思の疎通が合わず、パスミスも散見された。

もちろん、彼だけのせいではない。1人少ない中で、あれだけ中盤がスカスカなら、DFにとっては、どう守って良いのか絞りきれない中での難しい判断も多々あったにちがいない。パスにおいてもまた然りである。

これだけで、彼を判断するのは、あまりにも酷という話だ。それもこれも、モッシの退場が大きく響いた結果なので、八百長疑惑なレフェリーを恨むしかないのである。今回に関しては、ヘディングの強さと一定水準の足元の技術、そして、髪型やキャラを活かしたブランディング力以外、ポジティブな評価がしづらい内容であった。

一方、エヴァさんに目をやると……。

味方からのアバウトなパスにゴンザレスが追いつけないと、旦那を叱咤激励する場面が、とても印象的であった。「昔だったら、追いついていたはずよ。もっと早く走りなさい。アナタなら出来るはずよ」的なことを、頭を抱えながら、何度も何度も、大声で叫んでいた。

追いつけなかったのは、まったくもってゴンザレスのせいではない。むしろ、齢40にして、その運動量とスピードは、同い年の僕にとっては、感動的ですらある。ただ、味方のパスが良くないだけだし、1人少ない不利な形勢では致し方ない。

それなのに、エヴァさんは、誰かや何かのせいにするのではなく、絶対的エースである旦那への期待の裏返しとして、そのような発言を繰り返すのだった。ひょっとしたら、ただのかかぁ天下で、いつも旦那の尻を叩いているだけなのかもしれないし、僕自身、3個のランプールで取り込まれてしまっただけかもしれないが、エヴァさんの姿に、〝ゴンザレス嫁〟としての器の大きさや愛情の深さの一端を感じずにはいられないのであった。

やはり、その滲み出ている肝っ玉感のハンパなさは、ダテではないと思った。

試合のほうは、選手達には申し訳ないが、激しい割にはあまり得点の匂いがしない、凡戦の様相が続いていた。ランプールで満腹なことも相まって、睡魔すら襲ってくる始末。75分の飲水タイムの際には、思わず、〝ちゃんとサッカーを観せてくれ！〟と、ノートに走り書いていた。

そして、時間だけが刻々と過ぎていき、次のゴールが生まれないまま、後半が終了したのだった。

ホームとアウェイのスコア合計は3ー3。

決勝進出を懸けた戦いは、退屈な試合から一転、ハラハラドキドキなPK戦での決着へ。

どちらに転ぶか分からない、運によっても左右されるPK戦を前に、試合中のサポーターが創り出した一体感ある雰囲気とは打って変わり、スタジアムは、期待と不安が入り混じった、個々のざわめきとどよめきに支配されていった。

そうした状況の中、エヴァさんは、両側の息子と娘の肩を抱き寄せ、祈るように、小声で何かを囁いていた。前半にPKで得点を決めた旦那は、間違いなく、キッカーとして重要な場面で登場してくるであろう。再び、アレマニアとアレマニタの期待と重圧が、ゴンザレス一家にのしかかってきているようだった。

そして、運命のPK戦が始まった。

先攻のアレマ。

1人目のキッカーは、途中出場のMFスカダナ。蹴る直前に立ち止まりキーパーのタイミングをずらすフェイントをするも、同じコースに飛んだキーパーが目に入ったのか、左上方に大きくふかしてしまう。

しかし、相手の13番も狙い過ぎて枠を外し、0―0。

アレマの2人目は、3トップの一角、〝マドリード〟ことビスカッラ。

キーパーにコースを読まれながらも、落ち着いて右上へ蹴り込みゴール。

しかし、相手も決めて、1―1。

アレマの3人目は、劣勢の中で値千金の2点目のアシストとなるセンタリングをあげたFWサムスル。

エステバン同様、キーパーにコースを読まれるも、右隅に突き刺しゴール。

しかし、相手も決めて、2—2。

アレマの4人目は、途中出場のサイドアタッカーMFシスワント。

しかし、右に強く蹴ったゴロのシュートが、ドンピシャでキーパーに防がれてしまう。

一方、相手は、冷静にきっちりと左隅に流し込んだ。

4人目を終えて、2—3。

もう後がないアレマ。次の5人目が決めなければ、敗退が決定してしまう。

スタジアムは、ヒリヒリするような、得も言われぬ緊張感に包まれていた。

アレマの5人目は、予想通りの真打登場、絶対的エースのゴンザレス。

この日も、劣勢のチームにあって、2得点を決める大車輪の活躍。すべては、この男の左足に委ねられた。

横一列になって祈るように戦況を見つめているチームメートに見送られ、ゆっくりと、ペナルティ・スポットに歩を進めていく。

その男の家族に目をやると、息子は、バッグを抱えながら、目を瞑りうつむいていた。

嫁は、前半のPKの時にも増して、目の前のすべてを遮断するかのように、ピッチから目を背け、両手で耳を塞ぎながら、シートに深くうずくまっていた。隣の娘も、母親とまったく一緒の姿であった……。

この瞬間、ゴンザレスに視線を注ぎ、希望を託しているのは、スタジアムに駆けつけた4万人のアレマニア/アレマニタだけではない。人口約82万人のマラン市民の多くが、テレビの前で固唾を飲んで見守っているのである。

ゴンザレスと一家が直面しているプレッシャーは、いかばかりであろうか？

当事者でない人間が、少し分かった気になって、軽々しく語るべきではないだろう。

ただ、そのプレッシャーは、チームの絶対的エースとしての自覚や責任感があればあるほど、クラブやサポーター、チームメートへの想いや愛情があればあるほど、はかりしれないくらいに、重くのしかかってくるにちがいない。

ゴンザレスは、ボールを置き、前半と同じく右側に長めの助走を取った。

レフェリーのホイッスルが鳴る。

すると彼は、何の躊躇いもなく、前半のＰＫ同様、低い弾道で右方向に蹴り放った。

が、これが完全に読まれてしまっていた。

なんと、そのシュートをキーパーに、弾かれるどころか、キャッチされてしまったのだ。

万事休す、アレマ・クロノス。

準決勝での敗退が決定した瞬間であった。

一瞬にして静まり返ったスタジアムには、ただただ、相手チームの歓喜の声だけが響き渡った。

ゴンザレス息子は、虚ろな目で、ずっとうつむいたままだった。

娘は、現実を目の当たりにし、激しく泣きじゃくりだした。

嫁は、母親として、そんな娘を、気丈な表情で強く強く抱きしめた。

その光景は、スタジアムから観客が引き始めていってもなお、しばらく続いていたのだった。

第13節 アフターゲーム

ゴンザレス一家を横目に、物思いに耽っていると、ナツがやって来た。

彼女も悲痛に満ちた表情で、目にはうっすらと光るものがあった。僕は、無言で彼女を見つめ、肩をポンポンと叩いて慰める。すると、彼女も、僕を見つめたまま、無言で小さく頷いた。

今まで、クールビューティーで鳴らしていたナツの、少しか弱い部分を目の当たりにして、僕は思わず、そのギャップに愛おしさを感じてしまう。

いや、素直な言い方をすると、ほんの一瞬だけ、今晩、ずっと一緒に過ごしたいと思ってしまった。そして、そんな彼女の瞳を見ていると、なんだか、いけそうな気がすると、思ってしまったのだ。男は、なんてバカな生き物なんだろう……。

すぐさま、〝いかん、いかん〟と、心を整えた。さすがに、インドネシアのコバヤシには手は出せないと。他人の空似とはいえ、本家コバヤシの結婚パーティーにも参加した僕にとって、それはとてもゲスな行為だ。万一、ナツと一線を越えようものなら、間違いなくコバヤシを思い浮かべてしまうだろう。それではまるで、羽を広げた、男版**ジュディ・オング**[a]のようではあるまいか。今宵は決して、エーゲ海から風を吹かせてはなるまい。結婚絡みで方々にご迷惑をおかけしてしまったばかりの僕には、そこへ踏み込んでいく気持ちには、到底なれなかった。

そうこうしていると、白いタンクトップ姿の、衝撃的なヴィジュアルの男が、こちらに近づいてきた。

大五郎カットをしたゴリゴリマッチョなラテン系。おそらく、彼には、**萬屋錦之助**《よろずやきんのすけ》[b]の剣さばきも、箱車《はこぐるま》のマシンガンも、一切必要としない。きっと、身一つで相手をフルボッコしてしまう殺傷能力を装備しているにちがいない、そんな男である。

彼は、エヴァさんに向かって、

「奥さん、そろそろ下に行きましょう」と伝えているようであった。

ナツが言うには、彼はゴンザレス直系の親族で、一家の私設SP。ゴンザレス一家が移動の際には姿を現し、その圧倒的な風貌と肉体で、ヤバい奴らを近づけないようにする。それが、彼の主たる任務であるようだ。

僕たちは、彼に先導されるようにスタジアムのロビーへと移動した。そこで、ロッカールームから出て来る選手達を待つこととなった。行きと同じように、前後をパトカーに護られながら、選手バスとチーム関係者の車が一団となって、ホテルに戻る手はずだ。

その頃になると、ゴンザレス一家にも、少しだけ笑みが戻っていた。息子と娘は、幼児用のサッカーボールを取り出し興じていた。

エヴァさんは、少し離れたところで、件のムキムキな大五郎と、何かしら話し込んでいた。

そんな折である。目と鼻の先にあった相手チームのロッカールームから、勝利の凱歌が誇らしげに聞

a **ジュディ・オング**●1950年台湾出身の歌手。3歳の時に父親の仕事の関係で来日。上智大学国際学部卒で、台湾語、日本語の他、英語、中国語、スペイン語を操る才媛。また、最近は歌手のみならず、版画作家としても活躍、日展特選を受賞するなど高い評価を得ている。代表曲『魅せられて』の羽をイメージさせるゴージャスな衣装は自身がデザインした。ハヅキルーペの愛用者。

b **萬屋錦之介**●1932年、父に三代目中村時蔵、伯父に初代中村吉右衛門を持つ梨園の御曹司として生を受け、4歳の時に初代中村錦之助として初舞台を踏む。1954年、周囲の反対を押し切り、歌舞伎から映画へと転身。以降、時代劇を主戦場に150本を越える作品に出演し、昭和を代表する銀幕スターとして名を馳せた。40歳で萬屋錦之介に改名。愛称は〝錦ちゃん〟。

こえてきたのだ。

その瞬間、僕は、〝ふざけんな〟と思った。

気持ちは分かるが、ここはお前らにとってはアウェイだぞ。

もっとホームの人たちを配慮すべきだろ。

そんなもん、帰りのバスの中でおやりなさいと。

案の定、敏感に反応した人物が居た。エヴァさんだ。

彼らの歌声を聴くや否や、今まで子供達のために気丈に振舞っていたエヴァさんが、突如として顔を覆いながら噎び泣きだしたのだ。彼女の、ギリギリのところで抑え込んでいた感情が、溢れ出てしまったようだった。

人間は、そんな簡単に気持ちを切り替えられるほど、器用で強い生き物ではない。だからこそ、相手を思いやる優しさが大事であるはずなのに。僕は、敵陣の控え室に乗り込んでいきたい気分だった。

ムキムキな大五郎は、その場でしゃがみ込んでしまったエヴァさんを、そっと抱き寄せ、励ましの言葉をかけていた。きっと、彼の任務は警護だけでなく、インドネシア随一の人気クラブの絶対的エースを支える一家のメンタルサポートも担っているのだと理解した。

僕とナツも、心配になってエヴァさんの元に駆け寄った。

その直後、空気を読めない男たちの歌が鳴り止んだ。

それから、数分、経ったであろうか。ようやく、エヴァさんは気を取り直したようだった。そして、僕たちに、申し訳なさそうに話しかけてきた。「ごめんなさいね、取り乱しちゃって。ねえ、アナタたちも、私たちの車で、一緒に帰ってくれないかしら」と。

どうやら、行きはスタジアムまで自宅からまっすぐ来たようだが、帰りは旦那と早く落ち合いたいということで、一団と一緒にホテルに向かうとのことだ。

「もちろんです」

僕たちは、迷わず、返答した。

きっと、僕やナツが同乗することで、気分を紛らわせたいんだと思った。出来るだけ、旦那がPKを失敗して負けてしまったことを思い返さないように、僕たちと会話をしながら過ごしたいのだと。

何が出来るわけではないが、彼女に、再び悲しみが襲ってこないように、とにかく側にいてあげよう。それが、僕とナツの一致した考えであった。

しばらくすると、アレマのロッカールームから、チームスタッフを皮切りに、続々と選手が出てきた。退場させられたモッシは、スタンドでひっそりと観戦していたのか、Tシャツとジーンズにキャップ帽というカジュアルな出で立ちで、うつむき加減に姿を現した。

キコは、紺色のチーム用のポロシャツとハーフパンツを身にまとい、大きな赤いヘッドフォンをしながら、しかめ面で出てきた。

ゴンザレスには、近寄りがたい険しいオーラで全身を包んでいた。とてもではないが、気軽に声をかけられるような空気ではない。

スタジアムの外は、出待ちする多くのアレマニア／アレマニタでざわめいていた。それは、選手やスタッフの重たい雰囲気とは対照的に、最後に励ましやねぎらいの声を掛けたいという、熱気と温かさが入り混じった、とても前向きなざわめきのように聞こえた。

そんな中、選手達は、厳重な警備態勢のもと、一目散に、スタジアムに横付けされたバスに乗り込んでいく。

続いて、家族やチーム関係者も、バスの後方に並んだそれぞれの車へと向かった。僕たちも、ムキムキ大五郎が、ゴンザレス一家用の白いアルファードまで先導してくれた。そして、助手席にエヴァさん、2列目が息子と娘、最後列に僕とナツといった具合で乗り込んだ。

僕はこの時、窓越しに映るサポーターを見ながら、猛烈に実感していた。

サポーターの声援や激励というものは、こんなにも勇気をもらえるものなんだと。

チームがどんなに負けたり、厳しい状況に陥っても、常に見捨てず、情熱と愛情を持って支えてくれる。


〝サポーターはクラブの財産である〟

何となく分かったつもりではいたが、ゴンザレス一家に帯同することで、改めて、その言葉の重みを思い知らされたのだった。

パトカーのサイレンがけたたましく鳴りだす。帰りの大移動が始まった。僕は、車中でどんな振る舞いをして、どんな会話をすれば良いのか、ゴンザレス一家の様子を伺うことにした。

エヴァさんは、お付きの運転手と一言二言会話を交わしたあと、少し低めなトーンで、どこかに電話をかけた。息子のフクシ君は、おもむろにバッグからニンテンドーDSを取り出し、ゲームに興じ出した。

娘は、かなりお疲れ気味で、シートに着くなり、すぐさま眠りについてしまった。

状況は把握した。そして、隣のナツとアイコンタクトを交わす。

少しだけ、黙って状況を見守ろうと。

すると、電話を終えたエヴァさんが、こちらに振り向き、僕に話し始めた。

「今日は、お会い出来て嬉しかったわ。ワタシはね、日本のカルチャーが本当に大好きなのよ」と。

「こちらこそ、お会い出来て光栄です。日本のカルチャーが好きだなんて、本当にありがとうございます」と僕も英語で返した。

エヴァさんの表情は、とても嬉しそうだった。

僕はもう、コレしかないと思った。

彼女の好きな日本のカルチャーを、気持ち良く喋ってもらおう。とにかく、明るく朗らかに、エヴァさんから話を引き出して、和やかな空気感を作っていこう。そうすることで、彼女自身の気分も紛れるだろうし、僕自身も嬉しい。

参考にすべくは、土曜の午前7時半だ。車中でのテーマが決まった。サワコの朝をイメージした、〝サワコ大作戦〟だ。

阿川佐和子《あがわさわこ》[a]と化した僕は、「日本のどんなモノがお好きなんですか？」と切り出した。

a **阿川佐和子**●作家・阿川弘之を父に持つ、エッセイスト、小説家、タレント。２０１２年に刊行されたエッセイ『聞く力』は年間ベストセラー1位に輝く。また、テレビドラマ『陸王』（ＴＢＳ系）では、足袋工場の明るい縫製課のリーダーを好演し、女優としての評価も高める。若い頃から多くのお見合いをしてきた末、２０１７年63歳にして6歳年上の大学教授と初の結婚を果たした。

すかさず、エヴァさんから、〝おしん〟の名が挙がった。

「インドネシア人はみんな、おしんが大好きなのよ。ワタシもね、彼女の生き方から色んなことを学んだわ。彼女のように、どんなことがあっても頑張らなくちゃって……」

エヴァさんのトーンが、少しだけ、しみじみとしたように思えた。

ちょうど沿道では、行き同様に、スクーターに乗った多くのアレマニア／アレマニタが、こちらに向けてクラクションを鳴らしている。発煙筒も焚かれているようだ。

もしや……と思った。苦難を乗り越え逞しく生きたおしんと、今の自分の心境が、この車外の光景と相まって、オーバーラップしているのか？ であれば、まず始めに浮かんでくるのは、キーパーにキャッチされた旦那のPK失敗にちがいない。

エヴァさんに、再び悲しみが襲ってきてはマズい。おしんの話を切り上げ、すかさず違う話題になるよう仕向けた。

「なるほど。良いですね！ おしんの他に、好きな番組はありますか？」

「ドラえもんも好きだわ」

ドラえもんに、ナツも反応した。「インドネシアでは、私が子供の頃から日曜の朝、ドラえもんをやってるわ」と。

すると、エヴァさんが、インドネシア語のドラえもんの歌を口ずさみだした。

娘はすでに熟睡していたが、フクシ君も、ゲームをしながら頭を揺らせて口ずさんでいるようだ。それに乗じ、僕とナツも手拍子で応えた。

サワコ的には、もう少しドラえもんネタで広げてみようと思った。そして、定番の質問を投げかけてみた。

「ドラえもんの中で、好きな道具はありますか？」

「やっぱり、どこでもドアよね」と、エヴァさんが嬉しそうに答えた。

フクシ君も、頷いているようだ。

「どこでもドアで、どこに行きたいですか？」

僕もテンポよく、話を展開した。

「もちろん、ニッポンよ。トーキョー、オオサカ、キョウト！！！」

エヴァさんが、とってもとっても楽しそうだった。よしよし、サワコ感が出てきた。

そこに、ナツがカットインをしてきた。

「ワタシは、タイムマシンがいいわ」と。

一瞬の沈黙のあと、「タイムマシンもいいわよね……」とエヴァさんが、ゆっくりと答えた。

おやっ……。少しだけ、ナツを目で牽制した。またしても、おしん的な不安が、頭をかすめる。

もしエヴァさんが、タイムマシンで旦那がＰＫを蹴る直前に戻れたら……なんて想像でもしたら。せっかく、良い雰囲気になってきたのに、再び悲しみのスイッチが押されてしまうかもしれない。ドラえもんネタも、そろそろ、この辺が潮時だろうと判断した。

a おしん●１９８３年４月より放映されたＮＨＫ朝の連続テレビ小説。原作と脚本は、『渡る世間は鬼ばかり』（ＴＢＳ系）でもお馴染みの橋田壽賀子。明治、大正、昭和の戦中と戦後の苦しい時代を逞しく生きたおしんの姿に、多くの視聴者が涙した。また、アジア諸国をはじめ、世界68カ国で放送され、「世界で最もヒットした日本のテレビドラマ」と称される。

しかし、ここで気付いたことがあった。

サワコと言えば、ゲストの好きな歌を聞いていく番組である。そして何より、歌モノは、無条件で盛り上がる。故に、サワコに寄り添った展開をしていけば、間違いないと。

そうとなれば、アレを繰り出すしかない。

いよいよ、伝家の宝刀を抜く時がやって来た。

「ココロノトモ（心の友）は、お好きですか？」

この曲は、聖地・国立ラストのインドネシアデーで、楽曲のチェックをして頂いたM氏に教えてもらった、とっておきの情報だった。

「全国津々浦々の全インドネシア人が知っていると言って過言ではない、五輪真弓《いつわまゆみ》さんの曲です。インドネシアで大ヒットし、インドネシアとの交流に携わる日本人は歌わされる、必須の歌唱曲です。インドネシア人も、日本語のままで歌うんですよ」とのことだった。

インドネシアデーでは、ゆったりとした曲ゆえ、流すタイミングがなく見送りとなったが、M氏のアドバイス通り、いつかどこかで披露する機会があるかもしれないと、密かにYouTubeで練習していた曲だ。

「もちろん、大好きよ」

エヴァさんのテンションが上がった。

ナツも微笑みながら頷いていた。そして、エヴァさんが嬉しそうに提案してきた。

「アナタも歌えるでしょ。一緒に歌いましょう！」

まさに、M氏の言う通りだった。

しかし、まさかこんなシチュエーションで歌うことになるとは。インドネシアデーから1年8カ月後、初めて訪れたマランの街で、試合後の車の中、インドネシアの信子夫人と……。

まったくもって、夢にも思ってなかった。

そんな不思議な巡り合わせに、少しだけ胸躍りつつ、「もちろん、歌えますよ。ぜひ、ご一緒させてください」と、快諾した。

とっさに、ナツがスマホから映像を流した。少し古びたインドネシアらしきコンサートホールでのリサイタルのようだ。スパンコール煌めくジャケットを羽織った五輪真弓が、しっとりと「心の友」を歌い始めた。

それに合わせ、僕たちも口ずさむ——。

♪心の友
あなたから苦しみを奪えたその時
私にも生きてゆく勇気が湧いてくる
あなたと出会うまでは孤独なさすらい人
その手のぬくもりを 感じさせて
愛はいつもララバイ
旅に疲れた時

ただ心の友と
私を呼んで

信じ合う心さえどこかに忘れて
人は何故 過ぎた日の幸せ追いかける
静かにまぶた閉じて心のドアを開き
私をつかんだら 涙ふいて

愛はいつもララバイ
あなたが弱い時
ただ心の友と
私を呼んで

愛はいつもララバイ
旅に疲れた時
ただ心の友と
私を呼んで

（作詞・作曲 五輪真弓）

僕は、2人の、日本語で情感を込めて歌う姿に、うれしさと驚きのあまり、胸がいっぱいになってしまった。

そして、これまで以上に、たまらなく、インドネシアの人たちのことが、好きになるのを感じる。何かを通じて、お互いがふれあい、お互いに好意を抱いていく。理想論かもしれないが、世界が平和になっていく第一歩は、決して武器を持って威嚇や牽制をしあうことではなく、きっと、こういうことなのかもしれない。

加えて、歌詞の内容が、どこか今の自分の境遇を投影しているようで、フレーズの一つ一つが、心に染み入ってきた。

次第に、この曲を知ってから今に至るまでの、彼女との様々な思い出が脳裏に去来してきたのだった。出会い、同棲、入社、婚約、退社、別れ……。

色んな感情が交錯し、胸が張り裂けそうになっていった。

気が付けば、エヴァさんではなく、僕自身の悲しみのスイッチが押されてしまっていたのだ。2人の歌声はとても温かく、まさに僕を優しく包み込み、励ましてくれているかのようだった。

もう、涙腺が、崩壊寸前だった。

「心の友」が終わると、僕は口をつぐんでしまう。口から何かを発すると、言葉が詰まってしまいそうで怖かった。せっかくの雰囲気を壊すくらいなら、いっそのこと、サワコを降板したほうが良い。

そして、ナツに、そっと仕草を交え、目配せをした。

ごめん。あとは、任せたと。

直後から、ナツはエヴァさんと2人で、今までの英語ではなく、インドネシア語で楽しそうに会話を始めたのだった。

午前零時、ホテルに到着。

ゴンザレス一家に感謝の気持ちと別れを告げ、ナツと一緒にラウンジでモッシとキコに落ち合った。彼らは、不可解なジャッジでの敗戦により、怒気と憔悴が入り混じった様子だった。

モッシは僕を見るなり、ゆっくり首を横に振りながら呟いた。

「This is Indonesia……」

僕は、直感的に、長居をすべきではないと判断した。

こういう時は、とにもかくにも、自分自身で気持ちを落ち着かせることが最優先だろうと。どんな慰めの言葉も叱咤激励も、今の2人にはマイナスになりかねない。まずは、冷静さを取り戻し、本来の自分に立ち返るまで、そっとしてあげる。

それが、友人である僕が出来る、最大限の配慮だと思った。

そこで、一言二言の労をねぎらった後、再会の約束をし、僕はタクシーで宿へと帰ることにした。こうして、インドネシア最後の夜は、少しやるせない気持ちで更けていったのだった。

翌朝7時。

僕は、スラバヤのジュアンダ国際空港から、帰途に就いた。

それから1週間後、クラブは、ジョコ・スシロー監督の解任を発表。新監督の意向により、モッシとキコもクラブを去ることがリリースされた。

彼らを愛する、多くのアレマニア／アレマニタは、ＳＮＳで放出抗議キャンペーンを展開したが、監督とクラブの方針が揺らぐことはなかった。

そんな彼らを戦力外にした新監督はミロミール・シェシュリヤ。なんと、サラエボ出身の人だった……。

サッカーも人生も、色んなことが起こるものだ。

嬉しいことも、悲しいことも。

思い通りにゆくことも、思い通りにゆかぬことも。

素敵な出会いも、切ない別れも。

それでも、僕たちの旅路はこれからも続いていく。

そして、偶然か必然か、サッカーで繫がった僕たちの友情も、ずっと続く。

拝啓、佐野悟さま

アディショナルタイム

この世を旅立たれてから、もう3年が経ちますね。

月日が経つのは、本当に早いものです。

そちらでは、いかがお過ごしでしょうか？

楽しく暮らしておられますか？

エラ・フィッツジェラルドなんかを聴きながら、バーボンでも飲んでいますか？

はたまた、美空ひばりのジャズをつまみにしながら、焼酎ロックでも飲んでいますか？


僕は今、韓国はインチョン近くの、真っ赤なバスタブの淫靡な和旅館のようなモーテルで、一人マッコリを嗜みながら、この文章を書いております。

U－20ワールドカップや友人が出場する国内4部リーグの観戦にやって来たんです。こちらでは、マッコリのボトルがコンビニなんかで、缶コーヒーくらいの値段で売っていますよ。

アウェイ遠征の時、一緒にマッコリを何本も空けましたよね。大阪へ向かうバスの中、浦和へ向かう武蔵野線の中、千葉のスタジアムなんかでも。

2012年、J2優勝。クラブ初タイトルに、ボランティアスタッフみんなで記念撮影。シャーレを高々と掲げる佐野さんの姿

本当に、周りが呆れるほどに、いっぱい飲みましたよね。もしも、ヴァンフォーレ甲府がＡＣＬに出場して、アウェーの韓国応援ツアーでもしてたら、僕たちは試合前に、いったい何本のマッコリを空けることになったんでしょうね。

応援がメインなのか、マッコリがメインなのか。「アナタたち、何しに来たのよ⁇」って、サポーティングスタッフのクラタさんに絶対怒られちゃいますね。

佐野さんとの出会いは、２００７年３月10日、Ｊ１リーグの第２節名古屋グランパス戦でしたね。僕が東京から山梨に戻って、初めてのホームゲームでした。ほとんど知り合いがいない中、緊張の面持ちで運営ボランティアの控え室に入ると、「おや、新人さんかい？　こっちに来いよ！」と声を掛けてくれました。

フランクで、裏表がなさそうで、僕はこの時、自分の親父くらいの年齢ではあったけど、この人とは末長いお付合いになりそうだと、直感した記憶があります。

その日以降、本当にお世話になりました。

僕は、東京での自分のキャリアやつながりを活かして、ヴァンフォーレの中で、映像を作ったりスタジアムの演出に携わりたいとの思いがあって、運営ボランティアは、あくまでもその入口のようなものと考えていました。

でも、佐野さんをはじめ、ヴァンフォーレ甲府が消滅の危機の頃からボランティアとしてクラブを支えてきた年配の方々と仲良くさせていただく中で、ただただ、皆さんと会って色んなお話が出来ることが、本当に楽しくって、自分の生きがいのようになっていきました。

２００８年に佐久間悟氏がＧＭに就任して以来、〝３人の悟〟とか〝スリー悟ズ〟って、親しい中で呼ばれるようになりましたよね。

佐久間さんは、理路整然とした話し方で、香水の良い匂いがして、お酒を一滴も口にしない、草刈正雄のようなダンディーな佇まい。一方で、佐野さんと僕は、下世話な話を得意として、よく酒臭くって、たまに呂律が回っていない、佐久間さんとは対極なキャラクターで。

そうした中、僕は〝第三の悟〟として、どうやってヴァンフォーレ甲府にもっともっと貢献していけるんだろうかと、考えるようになりました。

〝第一の悟〟の佐野さんは、風前の灯火だったクラブを、無償のサポートで救った、ボランティアスタッフの象徴。〝第二の悟〟佐久間さんは、ヴァンフォーレ甲府をＪ１に定着させた、プロのゼネラルマネージャー。

そして、〝第三の悟〟の僕は……。

そんな思いを巡らせていたら、いつからか、大きな夢を抱くようになりました。どんなポジションであれ、自分たちの世代がクラブの中核となった時に、さらに魅力的なクラブに引き上げていける存在の１人になっていたいと。

その為には、とにかく、もっともっとサッカーの見聞を広め、色んな経験をしたり、色んな人たちと繋がっていこうと。そうした行動が、ゆくゆくは、ヴァンフォーレ甲府に役立てばとの思いもあって、僕は積極的にサッカー旅に出掛けるようになりました。

現地の人達と飲んだくれたり、サッカー談義をしたりしているだけという説もありますが、おかげさまで、様々な国のサッカー文化を体感したり、色んな人たちとつながり合うことが出来ました。

同じ名前の佐野さんや佐久間さんと出会っていなければ、そして、佐野さんと数え切れないくらいにヴァンフォーレのことを語らっていなければ、きっと、20か国へもサッカー旅をしていなかったと思います。

インドネシアへは、この渡航のあとも、インドネシアの人達の温かさやサッカー熱やそのポテンシャルにハマってしまい、4回も行っています。

じつは、サッカークラブの人達とも仲良くなったり、〝ジョナサンでアフガン大作戦〟も実現したり、もっともっとディープな体験もしたりしています。

ただ、悲しいかな、いつもスラバヤとマランだけで、一度も観光地らしいところを訪れたことがありません。インドネシアの人達からも、「せっかくインドネシアに来たのに、なぜバリ島に行かないんだ？まずはバリだろっ？」って、よく笑われます。

でも、やっと、バリ島に行く大義名分が出来たんですよ！　あのイルファン選手が、バリ・ユナイテッドに加入したんです。しかも、背番号10番を背負っています！

多くのインドネシアの人たちからサインをもらったイルファン・ユニに、いよいよ、ご本人からサインを戴く。そして、彼の日本での思い出やサッカーへの想いなんかを聞いてくる。ついでに、バリ・ユナイテッドのクラブ関係者とも仲良くなってくる。

なかなかの美しく面白そうな展開だと思いませんか？

でも、僕は今、正直、少し行き詰まりも感じています。

現在、ヴァンフォーレ甲府で、当初の希望だった、映像制作をはじめとしたスタジアム演出の一端を担当させて頂いている一方で、これから、さらにどのようにクラブに貢献していけるのか、自分が得た知識や経験、つながりや強みなんかを、どうやったら、もっともっと活かしていけるのか、日々、自問自答しています。

〝第三の悟〟として。

一歩一歩、歩みを進んでいるのか、はたまた、停滞しているのか？　クラブにとって、より必要な存在になっているのか、全くの見当違いなアクションをしているのか？　たまらなく不安になることもあります。

たまにお誘いも頂くのですが、僕を面白がってくれる他のクラブで、今はキャリアを積んだ方が最善なのかなぁと、考えたりもします。

でも、いろいろと悩んだ末、僕は、やっぱり〝第三の悟〟として、どんなことがあっても、佐野さんの想いや夢を引き継いで、少しでもヴァンフォーレ甲府で頑張っていきたいと、なんだかんだで、結局、初心に戻ってしまいます。

僕は、山梨で生まれ育った人間なので、他の縁もゆかりもない場所のサッカークラブで「この街を元気に！」とか「この街の子供たちに夢を！」なんて、心の底からは言えないですしね。何より、そのホームタウンの人たちにも失礼になっちゃう気がするんです。

多くの人達から、「頭が固すぎる」、「甲府にこだわり過ぎだ」、「せっかくのチャンスをもったいない」

って、言われることもありますが、それは、20カ国の色んな地域の人たちとふれあってきた中で感じた結論なんだと思います。

ただ、その選択が、僕の人生にとって良いことなのか、悪いことなのかは、定かではありません。とにかく今は、甲府の為に如何なる時でも、自分が出来ることを精一杯やって、役に立ちそうなことは積極的に学んでいこうと思っている所存です。


佐野さんが旅立たれたのは、2014年の7月でした。

僕は、ちょうどその数週間前、ブラジルW杯期間中に、3度目のサラエボに行って、オシムさんに会ったりしていました。

オシムさんから、ヴァンフォーレ甲府へのお言葉も頂戴してきましたよ。

「スモールクラブだけど、本当にチャレンジングなサッカーをしていて、大好きなチームだった」って。

きっと、大木監督時代のサッカーのことを仰っていたんでしょうね。

「今は、すごくディフェンシブなチームになっちゃいましたよ」ってお伝えしたら、少しの間があって、「君たちのようなスモールクラブが、勇気を持ってチャレンジしていくことに意味があるんだ。だから、甲府には、これからも頑張ってほしい」と、鋭くも温かい眼差しで、激励して頂きました。

なんか、とっても嬉しくて、すっごく胸が熱くなって、その日の夜は、その〝オシムの言葉〟をつまみに、地元の蒸留酒のラキヤを、朝までしこたま呑んでしまいました。

帰国後、そんな話を、いの一番で病院にお伺いして、佐野さんにご報告したかったんです。

でも、いろんな人たちから、「今は、行くのは控えた方が良い」と言われたこともあり、〝遠慮〟とか〝配慮〟って言葉を使って、僕はお見舞いに行くのを自重してしまいました。

その時の判断を、僕はものすごく後悔しています。

クラブ主催の、佐野さんのお別れ会の時。僕は奥さんの悦子さんから、「主人は、亡くなる直前まで、小松と会いたいなぁ。酒でも呑んで話をしたいなぁ」っておっしゃっていたと聞きました。

その瞬間、僕は、膝から崩れ落ちるくらいに申し訳ない気持ちになりました。

出来ることならば、僕も最期に、オシムさんの話を聞いて喜んでいる佐野さんの姿を、この目に焼き付けておきたかった。もう一度、佐野さんからヴァンフォーレへの夢や想いを聞いて、胸に刻み込んでおきたかった。今となっては、悔やんでも悔やみきれません。


でも、佐野さんとの別れで、僕は気付いたことがあるんです。

ヴァンフォーレがホームで勝利した時に歌う凱歌「輝く夜空」ってありますよね。

あれって、ヴァンフォーレ甲府に愛情と情熱を持って携わりながらも、この世を旅立たれて星となった方々が、勝利を喜んでいるって意味もあるんじゃないかって。

♪あー甲府　輝く夜空　勝利の星は　俺らの上に
あー甲府　輝く小瀬に　夢の降る場所　俺らの上に

佐野さんをはじめ、そういった方々のご尽力があったからこそ、今のこの勝利があるんだって、今まで以上に思うようになりました。

だから、僕は、最近、ヴァンフォーレが勝利をすると、天に向けて乾杯しています。

「オヤジ、旨い酒呑んでっか？」って。

まぁ、ご存知の通り、なかなかホームで勝てないのが、たまにキズなんですが。もっともっと、「輝く夜空」を歌えるように、みんなで一丸となって、頑張っていかなきゃですね。


この本は、佐野さんに笑ったり喜んでほしいなぁ、呑みながらこんな話をしたかったなぁって思いながら書き上げました。

おかげで、例えとかが、昭和な、少々マニアックな感じになっちゃいました。

もしも、口コミの評価なんかで、「例えが古い」とか言われてしまったら、それは佐野さんのせいですからね。ピラニア軍団とか、最近の人たちに伝わるかなぁって、とっても不安です。

まぁ、でも、そちらで酒のツマミになってもらえたら、それだけで万事ＯＫです。

何はともあれ、ヴァンフォーレ甲府が、いつの日か、ＡＣＬで韓国にやって来れるよう、〝第三の悟〟として、クラブに少しでも貢献していけたらと思います。

その時は、マッコリで乾杯しましょうね。

小松悟（こまつ・さとる）

1976年山梨県出身。青山学院大学卒。CM制作会社時代、フリー時代を合わせ、数多くのCMやMVの制作に携わる。2007年、地元のJリーグクラブ・ヴァンフォーレ甲府を盛り上げたいという想いから、東京での仕事をすべて切り上げ帰郷。現在、スタジアム映像の制作や試合運営など、ヴァンフォーレ甲府に深く携わる。また、“スポーツの域を越えたサッカー”をテーマに約20カ国でサッカー旅を敢行。試合観戦のみならず、クラブ関係者やファン・サポーターら現地の人たちと飲み交わしながらのサッカー談義をフィールドワークとしている。著書に『ヴァンフォーレ甲府あるある』（ティー・オーエンタテインメント）がある。

ココロノトモ
Rolling Ball, Rolling Life

2018年11月11日初版発行
1400円＋税

著者　小松悟
装丁　安藤順
パブリッシャー　木瀬貴吉

発行　ころから

〒115-0045
東京都北区赤羽1-19-7-603
Tel 03-5939-7950
Fax 03-5939-7951
mail office@korocolor.com
HP http://korocolor.com
shop https://colobooks.com

ISBN 978-4-907239-38-1
C0075

JASRAC 出 1812532-801

ころからのサッカー関連本

サッカー本大賞2015受賞作

3刷

サポーターをめぐる冒険

Jリーグを初観戦した結果、思わぬことになった

中村慎太郎

1300円+税／978-4-907239-07-7

知られざる「日本一」を可視化する

無冠、されど至強

東京朝鮮高校サッカー部と金明植の時代

木村元彦

2300円+税　978-4-907239-25-1

辞書にない「サッカーことば」が満載

サッカーことばランド

世界で拾い集めたへんてこワード97

金井真紀・熊崎敬

1700円+税　978-4-907239-34-3